U0840469

王元化及其朋友

蓝云 著

清园百年书系

先生待人热情，他提倡“爱的哲学”。

先生经常对人说，他很不同意鲁迅先生说的，吃鱼肝油不是为所爱的人，而是为敌人的观点。他说自己虽然十分敬仰鲁迅先生，但是反对这种恨人的哲学。因此，先生好交朋友，他的交游极其广阔。先生的结交者中既有世界闻名的一流大学者，又有文学、音乐、美术、戏曲等各界名流，还有门内门外的弟子和小辈们，甚至还有许多默默无闻的普通人。先生家里的客厅并不大，但它的大门总是敞开的，络绎不绝地吸引着南来北往的客人们。这里是一个学术思想、文化艺术交流的“大沙龙”，也是一个各界人士云集的“小社会”。我再没有见过哪家的客厅可以和先生家的客厅相比。我待在先生身旁，目睹了先生与朋友们之间的交往。这些旧日回忆，一幕一幕令人感怀，让我铭记于心。

本书就我的记忆所及，讲述先生和他朋友们的故事。

目录

如父、如师、如友，岁月悠悠忆当年 / 1

琐忆先生 / 16

日记最后一年的元化先生 / 33

老兄弟束纫秋 / 57

一封信缔结的终身友谊

——先生和我父亲蓝瑛 / 63

不打不成交的林毓生 / 73

“一面之交”无尽期

——记林同奇先生 / 82

心灵相契的朱维铮 / 89

无话不谈的李子云 / 100

默默奉献的吴曼青 / 108

“天涯候鸟”邵东方 / 119

阳光大男孩汪丁丁 / 127

来自东瀛的中国学者李庆 / 137

四年，思念到永远

——记先生和夏中义 / 144

“听戏知音”翁思再 / 156

走近顾准

——先生和高建国 / 163

先生和楼帅 / 180

偶入王门的吴琦幸 / 185

“较得我真传的弟子”胡晓明 / 193

“徒孙”钱钢 / 207

伯乐相马

——先生和吴洪森 / 216

农民企业家蒋放年 / 227

后记 / 232

如父、如师、如友，岁月悠悠忆当年

王元化先生出生于 1920 年 11 月 30 日，特著此文是为了纪念元化先生的 98 岁诞辰。

岁月悠悠，先生离世已逾十年。先生于我，如父、如师、如友。我小时被父亲领到先生身边，跟着张可阿姨学英语；1990 年代又机缘巧合，走近先生，和先生相依相随、惺惺相惜 14 年。此生先生给予我的父爱、师恩、友情山高水长，他无时无刻不与我同在，并引领着我的余生。

1999 年，先生和我在新落成的徐家汇公园

不解之缘忆父爱

一颗种子，将被风吹向何方？在哪里生根开花？种子往往身不由己。我会走到先生身边，和先生结下不解之缘，也实在是我不曾预料到的。

每个人只有一个父亲，可我偏偏独得两份父爱。

1938 年春天，父亲 14 岁时在家乡奉化竺家村加入了中共地下党，由于身份暴露，他回到了上海。1939 年，怀揣着王任叔（巴人）先生的一封介绍信，还处于青少年时期的父亲和已是上海地下党文委成员的先生走到了一起，从此结为朋友。那时先生对苏联社会主义理论模式的研究已深有造诣，他一系列论著中的激扬文字，使父亲十分仰慕。因先生年长父亲 5 岁，父亲视先生为自己的老大哥。父亲后来参加新四军去了苏北解放区，等父亲转业回到上海后，先生却已经因“胡风案”蒙难。父亲无视这些，仍然把先生当作挚友，两家人仍然时相往来。时任上海市委宣传部副部长的父亲告诉我们，他认为王伯伯是个好人，他的问题一定会查清楚的。

因此，还是小姑娘的我就被领到位于皋兰路的先生家，每周去跟张可阿姨学英语。张可阿姨文雅美丽、温婉贤惠、学识渊博，是我心目中的完美女性，我爱她不亚于爱我的母亲。张可阿姨也爱我，每回去她家都被盛情款待。虽然那时，这还是个正在遭受政治风浪冲击的家，但有了张可阿姨，一切都被调理得舒舒齐齐，充满着家的温馨。布置典雅的居室里，常有客人与先生相谈甚欢；永远丰盛的餐桌上，招待着八方而来的宾客。

记得有次先生正和一个朋友谈“一分为二、合而为一”的命题。先生说：“电由正电和负电合而为电，而树木房舍都有着向阳面和背阳面，都是合二而一的。”他们谈得起劲，也不避讳我这个“小人”。我听了回家学给爸爸听，爸爸很严肃地告诫我：“小孩子不必懂这些，你出去可不能乱说！记牢了！”小小的我就知道，王伯伯的话在外面不要说。

然而我心目中的完美女性张可阿姨在59岁那年，突然中风，虽然经过抢救保住了性命，但张可阿姨从此对家的呵护开始力不从心了。很多的家务，必须先生自己操持，用先生的话来说是“赶着驴子当马骑”了。

我和张可阿姨

1980年代初，先生的家搬到了和我家只隔一条街的吴兴路，我们比邻而居。张可阿姨和先生散步时，会绕到我家来闲坐聊天，而我也时时去探望他们二老。先生家有好吃的，阿姨会叫人送些来。而我上小菜场，也会多买一份张可阿姨和先生爱吃的送去。碰到有事，先生叫一声，我就赶到。先生出国时，我去替先生熨烫衣服、收拾行装；电视机坏了，陪先生去选购；保姆走了，让我家的阿姨顶替一下。诸如此类，如同自己的老父亲一般照看。我也自然而然地走到了先生一家的身旁。

先生称自家“人丁稀薄”，因此对我家兄弟姐妹十分亲近。好几年的除夕阖家团圆时，母亲请来先生和他单身的老姐姐，与我家同吃年夜饭，在一起过团圆年。1996 年，先生家装修房子，他的家里乱成一个大工地，无法安居。适逢我父母都去了美国，于是我就把先生接到我家，住在一楼我的房间里，我和娇娇、蓝蓝住楼上。先生在我家住了两个多月，他说看到我们家里几代人相亲相爱，感受到了家庭的温暖。先生说：“我是很恋家的。我这个人不能长时间离开家，无论去什么地方，日子一久我就想家。所以我很不赞同巴金先生所言，说家只是宝盖底下一群猪！家是普天底下最温暖的地方。”他说他庆幸晚年，能有一个女儿如我，能够把家庭的温暖带给他。

父母一直以先生为兄长，母亲对先生说：“蓝云是我们的爱女，我们不能够缺少她。但你是我们的老大哥，所以我们愿意割爱，把我们的爱女分一半给你。”因此，在张可阿姨的身体每况愈下后，先生家的吃穿用度、看病医疗、社会交往等，让我觉得责无旁贷，无意中先生生活工作的方方面面，都有那么点“非蓝云不可”。

先生习惯了每天早饭后，我赶到他的身边，泡上两杯上好的龙井茶，他就开始对我这一日的絮叨。他的所思所想，他的喜怒哀乐，他的陈年往事，有我做听客，永远都不会冷场。有时候他累了，就会到卧室躺在床上，让我端一把椅子坐在床边，替他读书读报。中午，打开一张折叠桌，那是文忠专门替他买的。有时候让伙房做两个菜，有时候则是我从家里带了饭菜，都是些合他口味的菜肴。比如新上市的嫩笋做的油焖笋，细嫩的米苋，碧绿的蚕豆瓣，金黄的土豆饼，鲜活的清炒河虾仁，等等。给先生备餐是一道难题，先生年纪越大，胃口变得愈坏，他的口味变得对食物的材质更加挑剔，我总算费尽心力方勉力解决了些难题。有一度，美院的唐玲给先生带来一只最小号的电焖锅，于是我就给先生炖"迷你"汤。少量的排骨、鸡、鸽子等加上老山参、西洋参等补品，那一阵房间里永远洋溢着煲汤的香味，先生的身体也得到了滋补。

还记得他患了老年性皮肤病，满身出疹子，浑身瘙痒，久治不愈，经朋友介绍，一位朋友请了一位江西中医开了中药给先生泡澡。先生那时住在衡山宾馆的工作室，怎么熬中药呢？于是我找出了家里最大的锅子，天天用大锅为先生熬中药，这药香在我家一飘就是整整5年。

先生工作室用的被子是化纤的，我就专门去买了一条厚薄适中的鹅绒被，轻巧暖和，先生说盖着太舒服了。他说："蓝云啊，除了你，没有人会替我想到一条被子。"这条被子即便是住院时，先生也要带了去换掉医院里的被絮，他已经盖不惯其他的被子了。直到先生生命的最后一天，他盖的还是我买给他的这条被子。

先生对我也是关怀有加。我的女儿去巴黎读研究生，先生为我高兴又为我发愁："蓝云啊，为娇娇留学法国，你要花费很多钱吧？"我告诉他，娇娇考上的是公立大学，不用学费。他说那么生活费也不是小数字，你的收入就那么多，总归是要多花钱的！于是他让我编了他的两本书——《人和书》《人物、书话、纪事》，他说这些稿费都归你，拿去给娇娇付生活费。先生见不得我有困难。

先生爱我这个女儿，他说自己的爱属于“浓得化不开”的。记得我有两次出国，先生是那么担心、那么依依不舍。在法国时，他要求我天天给他写 email，详细汇报我和娇娇的行踪。给他打电话，他总反反复复叮嘱：“你玩得开心、尽兴，别担心我，我很好。但是你要早点回家啊，王伯伯在等着你回家。”我去印度，他对我说：“你每天都要给我电话，否则我会担心。不管花多少钱，别嫌电话费贵。”每当想起这些须臾难分的情景，总让我感念先生的深深父爱。

先生最后的日子，我也天天陪他在瑞金医院度过，目送着他渐渐离去。

2007 年春节前夕，先生的咯血，绵延已有数月。大家告诉他患的是肺结核，慢慢会好起来。我们都在善意地欺骗着先生。一日他突然问我：“蓝云，你告诉我实情，我得的肯定不是什么结核，一定是肺癌！对吗？不要瞒我嘛。我不是傻子，你应该对我说实话。”他盯着我的眼睛询问实情，我一时语塞，不知怎么回答，却忍不住哽咽。先生说：“其实我早有预感，我的日子不多了。”我默默流着泪，先生用依旧淡定的口吻对我说：“你不要这样，你难过，我心里会更难过。我并不害怕死亡的临近。但我是一个缺少耐心的人，如果不能读写，成天睡在床上，从一个思想着的人，变成一个纯粹生物意义上的人，生命就对我全无意义了。如果这样，就让我从容地有尊严地走。张可走时（一年半前）我很难过，最后的日子，我虽然也一直关心她，可是自己也是百病丛生，不能随侍在老伴身旁，我是遗憾的。而我生命的最后一程，我希望你陪伴着我，你能这样天天来我身旁，我心里很满足了。我总是说，我并不寂寞，但是我孤独。这十几年有了你，我就不那么孤独了。现在，我要离开你了，我最是放心不下，你今后的生活快乐吗？你生活得好，我才放心啊。”

2008年5月9日，先生还是走了，这一天的到来无法回避。

我决定离开故土去到美国，离开和先生朝夕相伴的上海，像是落荒而逃。

太多往事怎一个“伤心”了得。再不用每天一起床，就奔到先生身边，读书报，写文章，接待四方友朋；再不用操心菜场上什么时鲜上市了，先生爱吃的有没有；哪件衣服旧了，要换上一件像样的；再不能听先生絮絮叨叨，把陈年往事反复讲述个没完；再也不用去过问先生有什么喜怒哀乐了……瞬间所有美好与痛苦都化为虚无，我失去了世界上除了父母之外最亲近的人。

我只有逃避，不再走那和先生同行过的林荫路，不再仰望和先生一起仰望过的那片天空，不再面对曾和先生一起会面过的友人，挥别这一份天赐于我又收了回去的父爱，把和先生同在却无法同去的那一页彻底地翻过去。

先生领着我登上一个比一个更高的台阶

先生是大学者、思想家，他的博士生们也个个了得，不是任何人随随便便就有资格成为先生的弟子的。我是“老三届”，只是个南洋模范中学的初中毕业生，想成为先生的弟子，实属望洋兴叹。虽无学生之名，但凭耳濡目染先生的学养，令我潜移默化中深受教益。

先生每有所思所想，必定逢人便谈，且滔滔不绝。他的几次重大反思：对杜亚泉和东西方文化论战的思考，对五四运动的反思，对法国大革命的再认识，与友人谈卢梭的“社约论”等重大命题，他都是从思想萌芽初始开始谈起，谈着谈着就逐步深入，慢慢才形成了观点。我就在他身边，目睹了学者间思想是如何交流与互动的，见识到了卓识远见产生和开花、结果的过程。这些熏陶，怕是在很多大学里都无法见识到的。

先生喜欢和我谈论文学，以此来提高我的文学修养。我喜爱李白的浪漫，先生却教我要多读杜甫。他说杜甫的诗作深刻，很具有现实意义。他带着我一起读“三吏”“三别”，还告诉我他最喜欢的是杜甫写诸葛亮的那首悼亡诗：“长星昨夜坠前营，讣报先生此日倾。虎帐不闻施号令，麟台惟显著勋名。空余门下三千客，辜负胸中十万兵。好看绿阴清昼里，于今无复雅歌声。”确是好诗，情感深沉并打动人心，我至今仍铭记先生为我诵读的这首诗。我喜欢雨果的《巴黎圣母院》《九三年》《悲惨世界》，先生说，你更应该多读巴尔扎克、罗曼·罗兰。他特地为我拿来他珍藏的一套黑丝绒封皮的《约翰·克利斯朵夫》，是傅雷的译本。先生让我为他读其中他喜爱的章节。他告诉我他曾三次认真地读这本书，每次读时思想感情都在发生变化。特别是步入老年，他对激进主义有了深刻反思，因而书中的家庭女教师安多纳德为了弟弟不惜牺牲自己的品格，尤为令他感动。他说这是他最欣赏的女性形象。于是，由他口授，我执笔，写下了那篇《友情、爱情和亲情》。先生还从家里搬来一摞契诃夫的剧本、莎士比亚的历史剧，说你要多读，腹有诗书气自华啊，多读了你一定喜欢。

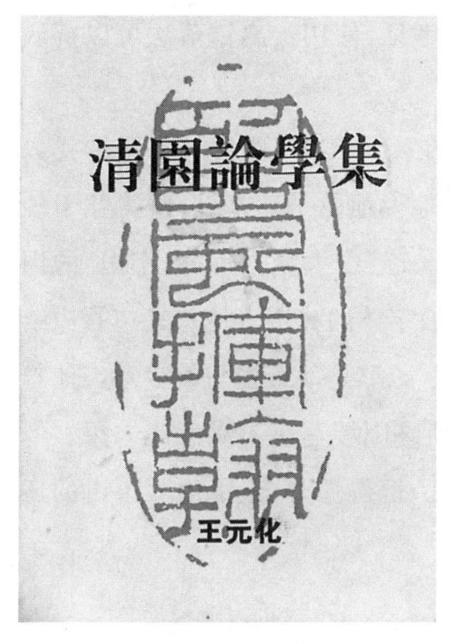

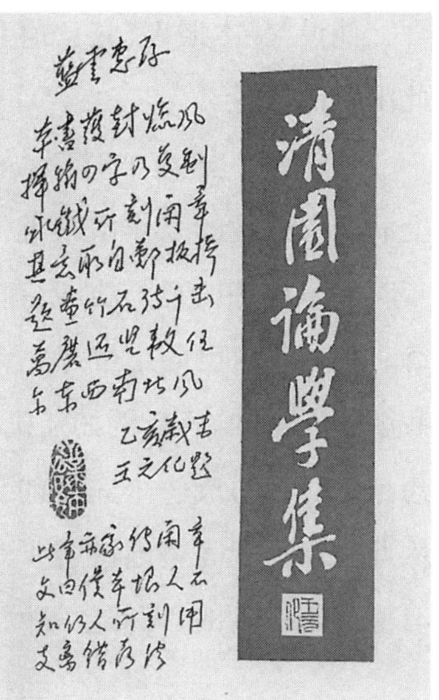

1995 年，先生赠我的第一本书和赠书题词

先生送我的第一本书是《清园论学集》，那是在 1995 年岁末。先生说他希望我多看看他的书，那都是他的思想结晶。一时看不懂也不要紧，慢慢会看懂的。他说："你应该成为我的知音。"先生在这本书的扉页题写了这样的话：

本书护封临风挥翰四字乃复制冰铁所刻闲章，其意取自郑板桥所画《竹石》诗：千击万磨还坚劲，任尔东西南北风。

乙亥岁末王元化题

扉页下方又钤一印"仆本恨人"，题云：

此章亦家传闲章，文曰仆本恨人，不知何人所刻，用支离错落法。

他说“仆本恨人”究竟何意无从考证，使用支离错落法可以辨认此闲章的内容。

1990年代末有个时期，先生住在衡山宾馆，他天天都要带我去上海图书馆他的工作室写毛笔字。他说他的书法基础，既得益于幼年时父亲训练的童子功，还有就是“文革”中大量抄写“大字报”的训练。他还说自己的字带有一点苏东坡字体的味道。他总是边写边给我解释所写的内容，例如陆机的《文赋》，那是他最爱写的篇章。他曾想把《文赋》写成一个完整的长卷，但终因屡写屡不满意终未果。但因此他却为我完整地讲解了《文赋》。记得那时，先生边写边讲的还有清代朱一新的《无邪堂答问》。

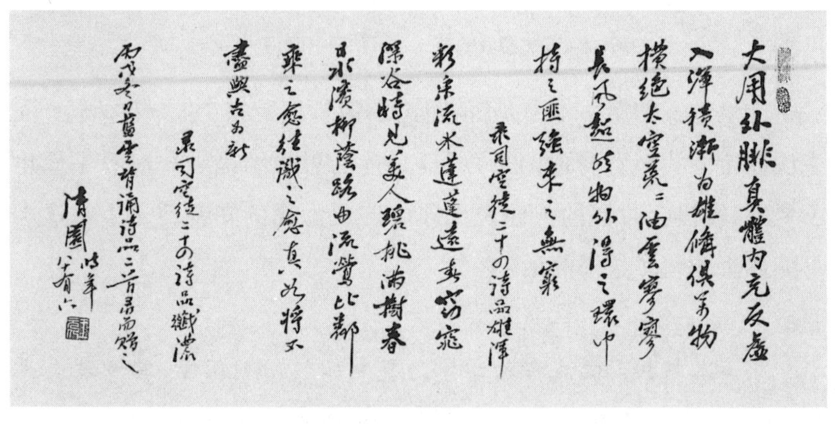

先生题写司空徒《二十四诗品》

我记得最早替先生处理文稿还是在1990年代初，那时先生去珠海过冬，嘱我去他家里替他处理信函。我在电话里为他读国内外来信，那些都是学者、大家们的信函，对于我来说，内容生僻拗口，读起来疙疙瘩瘩。先生宽慰我说，不急，没关系，慢慢来，你会读通的。那时候，先生的学问对于我来说，太高深莫测了。随着接触的增多，先生于我似乎不再高不可攀。到我能替他录入《九十年代日记》电子文档时，那些很专业的学术内容和人名等，我都已经不再陌生，输入的速度和准确率都得到了先生的夸奖。

先生晚年编书总是派我做。他教我如何收集资料、分类编目、校读清样等，先后让我参与编辑了《人和书》《清园近作集》《九十年代日记》《人物、书话、纪事》《清园文存》。他鼓励我说，我的学生们能做到的，你也一定能。

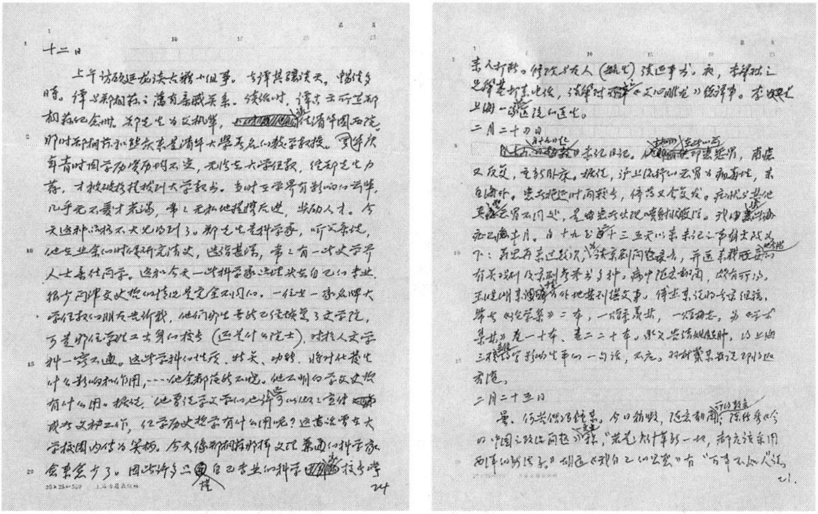

先生的《九十年代日记》手稿

在先生生命的最后几年，他一目已盲，另一目患有严重白内障，读写俱废。那些年他所有的信函、稿件均通过口授由我笔录。每篇文稿一句一句记录下来，再经修改，反复推敲。成文之后，一再修改删减做“减法”，有时达二三十遍。他常说“删繁就简三秋树，领异标新二月花”“我的文章都是改出来的”。

2003年春节，上海市领导给先生拜年。先生向领导提出，他希望我来做他的秘书。于是，市委宣传部给我的工作单位发出公函，让我卸去手头的工作，于是我就正式到先生身边上班。

先生常常教导我，读书要“沉潜往复，从容含玩”，不要图快要比“慢”；而“文如看山不喜平”，必须有起伏跌宕。文章是“功夫深处却平夷”，不要去花里胡哨赶时髦；还有就是“根柢无易其固，裁断必出于己”，不仅要有扎实的基本功，还要有自己的见解等。

先生总是在领着我前行，登上一个比一个更高的台阶。

得先生为知己，此生足矣

先生长我30岁，是我的父执辈。但14年的相依相伴，我们又成为甘苦与共的“忘年交”。先生每每乐于放下他的架子，和我及我的年轻朋友打成一片，在这样的时候，先生仿佛年轻了许多。

我的女儿娇娇读高二那年，上海美术馆为她举办过一场“莫娇手制艺术贺卡展”，先生真是和我们一样兴奋。他专门送上了一只满是金盏菊装饰的大花篮，并冒着严寒亲临开幕式“凑热闹”。作为唯一的老人，他和一群青年人，甚至是一大群中学生一起有说有笑，仔仔细细观看娇娇那些稚嫩的五花八门小作品。

在我办儿童刊物《放学以后》时，他仿佛又成了我的编辑。他常常询问我的工作设想并给我出主意，给我讲一些他童年时在清华园的故事。例如，出于好奇，乘没有人在的时候，偷偷去赵元任家拨弄一台平日不许碰的古琴。他还说此事可以写一篇小文给刊物用。每期清样一出，他都急着翻看，还说儿童刊物一定要有好的美编，孩子们才喜欢看。我办刊，先生十分鼓励我，还请了时任市委副书记的龚学平先生为刊物题写了刊名。

而对于我的朋友，先生总是也当作自己的朋友，从不端尊长的架子。

1995年初，我的朋友高建国打电话给我，想请先生去北京参加纪念顾准80诞辰的“顾准学术思想研讨会”，于是我把高建国引荐给了先生。高建国的姑父是顾准的弟弟陈敏之，先生对高建国真是一见如故。此后，高建国天天晚上去先生吴兴路的寓所，和先生谈顾准的身世经历，谈中科院经济所一些著名的专家学者和顾准的学生们，他们怎样自发地在顾准贫病交困之时，给顾准关怀和温暖。也谈及顾准临终的悲凉惨状：顾准生前攒下了500元钱，想分别留给他的5个子女，可是居然没有一个子女前来见老人最后一面。那些晚上，先生被高建国的叙述深深吸引，天天谈到夜阑方散。

先生鼓励高建国：“你把它写下来，我帮你联系出版。”是年3月，先生欣然和高建国一起去了北京，参加了纪念顾准80诞辰的“顾准学术思想研讨会”，并专程探访了骆耕漠、徐雪寒等老辈经济学家们。

后来，受到先生的鼓励，高建国怀着巨大的热情开始动手写“顾准传”。完稿之后，他拿着书稿给先生看，先生说：“小高，我的眼睛不好，你就先拿给蓝云去看，听听她的意见，我再来看。”于是稿子就交到了我的手上。我自然是一口气读完了高建国的书稿。先生问我怎么样？我对先生实话实说：“这部书稿读起来我有一种放不下手的感觉。我很久没有这样通宵看书了，可是，这本书使我不由自主地看了一个通宵。不仅史实资料极其丰富，情节也引人入胜。但是也有不足之处。”“哦？说来听听”，先生很感兴趣。“高建国的叙述多有陈词滥调，比如，一个孩子出生，就必然写‘呱呱坠地了’。我以为如果别人都这么表达，就应该换一种写法。”先生对我的看法很是赞许。他问：“你是通过了？”“是的，总的来说，我认为写得不错。”“那就叫他给我读一遍听听吧！”此后连续好几天，包括先生在瑞金医院住院期间，高建国每天去先生处，为先生读他写的“顾准传”。

先生为促成此书的出版，推荐给上海和香港的多家出版社，并为此书写了序言。1999年底，高建国的《拆下肋骨当火把：顾准全传》终于问世，由上海文艺出版社出版。

我的另一位朋友孙小兰也得到过先生的呵护。

那时先生随中国作家代表团访问墨西哥途经旧金山，有一位华人书店老板请客，在来宾中有去美国为丈夫陪读但正失业的孙小兰。先生就托这位书店老板让孙小兰去他的书店打工，帮孙小兰找到了一份工作。孙小兰很感激先生，每次回国都会来探望先生。有一次，先生在瑞金医院住院，饭后出去散步回来，见到一张纸条：“我来探望您未遇，很遗憾。”署名是“小兰”。先生说：“小兰？恐怕是彭小兰（彭柏山的女儿）来过了，没关系，她还会再来的。”后来才知道是孙小兰。可是不料几天后，传来孙小兰在美国自杀的消息。先生很难过，很后悔，他说自己如果那天碰到孙小兰，能够和她谈谈心，说不定就能够打开她的心结，她就不至于走绝路了。

特别要提的是，我的老大哥、老大姐——中国美术学院的舒传曦、唐玲，还有许江、王赞等都成了先生的至交，杭州也成了先生晚年每年必去的地方。他和好友林毓生教授夫妇的会谈，也统统安排在西子湖畔；许多重要文章，如《鲁迅与我七十年》的序言以及轰动学界的《与友人谈社约论书》等，都是在杭州撰写成文的。每年数次，杭州友人都会专程来沪探访先生。这些画家们还集体出资，请雕塑家李秀勤为先生创作了一尊青铜胸像，后转赠给了华东师范大学的“王元化学馆”。大家都尽力把快乐带给先生。

和我，和年轻朋友一起，仿佛时光倒流，先生返老还童。

先生 80 岁生日那年，他提议邀请学生、朋友去杭州。记得除了我和先生的弟子，还有思再、文忠、洪森、纪霖、小孔以及美国纽约大学教授瑞贝卡等约 20 人，我们住在杭州灵隐中国作家协会创作之家。那时先生在篮球场打球、在湖畔居唱京戏，还漫步云栖竹径——先生是那样的步履劲健，谈笑风生。有了这次快乐的庆生，先生说，次年我们还到杭州去！于是第二年，我们又去了杭州。

永远难忘先生的教诲和关爱。记得有时我病了，不能去先生那里，先生就会让人把果篮、鲜花送来我家，焦急地询问我的病情，嘱我安心休养，别为他担心。都说人生难得一知己，得先生为知己，此生足矣。

（原收录于《一个人的四十年：共和国学人回忆录》，生活·读书·新知三联书店 2019 年版，原题为《如父、如师、如友，岁月悠悠忆元化先生》）

琐忆先生

先生对于世人来说，是“文心雕龙”，是“黑格尔”和“社约论”，是位大学者、大思想家，是时刻关怀着社会发展、人类命运的智者和哲人。先生走了，把真知灼见留给了世人。我不涉学术，也不是文人，却有幸走到先生身边，因此先生在我眼中，更是一个热爱生活的长者。十多年来，先生的音容笑貌，在日常生活中细枝末节处的点点滴滴，皆成我的记忆，不思量而自难忘。

并不是所有的花都美

先生家的客厅总给人们留下美好印象，那是因为客厅墙上的字画书香气十足，几案上摆件精致，还有四季不谢的鲜花。

先生说他很懂得侍弄花草。

每每朋友们捧来花束，先生就叫我装瓶。他让我剪去败叶散枝，再错落有致、聚散得当地插到瓶中。隔一两天，他就催促要换水，以期花期更为持久。客厅还曾放过一盆高大的橡皮树，枝叶繁茂，给人以生命之树常青的感觉。他常吩咐我们空暇时，用干净抹布擦去叶面上的尘埃，要让每片叶子都油光闪亮，一尘不染。十多年前，先生曾请高建国把他的一棵铁树搬来我家院子，要我照顾好他的铁树。先生还告诉我培育铁树的窍门，去找些废铁，诸如破铁锅、破铁铲的碎片，埋在铁树的根底。他说这样抽出来的叶子，就会由于养分充足而更壮实。他说铁树怕冷，寒流来了要把它包起来防寒；但铁树又怕暴晒，所以最好种在既能采光又有些树荫遮挡的地方。此后，他经常会问我铁树长高了没有，树干里有没有发新芽，有没有剪过陈年枯枝。一年又一年，他会像探望朋友一样，来我家院子看他的铁树。每次他走到树旁，都会俯身拣去飘落在铁树上的枯枝败叶，前后左右地端详。后来他病了，不能够亲自来看它了，还会问及它长得怎样，并说："有一天我不在了，这棵铁树会留下来陪你。"

先生赏花特别有讲究。朋友给先生送得最多的是玫瑰。先生还算喜欢玫瑰，他认为玫瑰美得娇艳，但看得多了就嫌它矫揉造作，脂粉气重。而且玫瑰花期很短，过不了几天，花还没有盛开就开始发蔫，任凭你不停换水，还是一朵接一朵地败落。我曾给先生送过花，那是一把大朵的深紫红菊花，插瓶后从含苞到绽放，英姿勃勃地开了很久。先生说这花好，朴素而淡雅，他非常喜欢。后来陪伴先生一生的张可阿姨走了，先生选用白菊花供放在张可阿姨的遗像前，整整一年多，从没间断。

先生身体尚健时对花的兴致很浓。十几年前，他听说我们买花都去花市，他也想去逛逛。于是当时我和孔令琴就带他和张可阿姨一起去。那时，花市在文化广场四周的马路上，要到下班后才开市。晚饭后，天黑了，路灯昏黄，花市却熙熙攘攘。我们领着先生和张可阿姨钻到人群里，到一个个摊位前看，先生惊异于这里几乎什么花都有，而且花价便宜，我们自然满载而归，非常尽兴。

先生总对我说，美的事物应该有意境，它应是含蓄而蕴藉，而不是一览无余的。我想先生看花开花落，也正是这样。

有年冬天，天寒地冻，先生说："去给我买些蜡梅，要大枝的，不要嫌贵,多花点钱没关系。一定要买大枝的,那种有骨骼的。"他说他喜欢在过年时插上一瓶蜡梅。他的老师汪公严先生曾画过一幅《风雪山居图》送他,画的是一名童子向一位山居老者送上一瓶梅花,上面题了两句诗:"山家除夕无他事,插了梅花便过年。"先生说这意境真不错。他还经常挥毫题写这两句诗赠予友人。题记中这样写:"余因胡风案被革后惧祸延,遂与社会断绝来往,每逢新年枯坐斗室,辄取公严师据唐人句所绘《风雪山居图》以度岁。"

有年深秋和先生去杭州。那时先生还很硬朗,我们从郭庄沿着西湖岸散步,走向曲院风荷。沿途落木萧瑟,一旁水波茫茫。走着走着,先生站定,叫我向前看,原来湖畔有一片凋零的荷塘,断折的枝茎挑着枯萎的大叶片在寒风中微颤,湖面倒映出凄凉。先生说:"你知道李商隐的'秋阴不散霜飞晚,留得残荷听雨声'吗?那不就是!"先生说他尤其喜欢"留得残荷听雨声"这样的意境。

可是,先生并不认为所有的花都美。他曾说:"人们都用花来形容美丽,可是并不是所有的花都是美的,我认为有的花就不美丽,你有没有发现?"我说我不那么敏感。先生说:"郁金香就一点也不美,你看,那花呆头呆脑的,一副刻板相,而且每朵长得都是一模一样的。"我从此对郁金香就多了一份关注,心里也觉得先生说得有道理。同时感到庆幸的是,还好,给先生送郁金香的朋友不多。

但给先生送花篮的人很多,殊不知,先生对花篮一点也不赞赏。他认为大多数花篮,是由不懂审美的人把杂七杂八的花插在一起,实在无美感可言。他甚至不愿意把这样的花篮放在自己房间里,认为是有损幽雅环境。早些年,先生会嘱咐从花篮中挑出新鲜的玫瑰插瓶,其余的就不要了。后来,他的呼吸道感染和皮炎经常发作,对花篮就更排斥了。若花篮还是源源不断有人送来，他很快就转送他人。先生还据此引申说建设也一样，人人都搞建设，但不是所有的建设成果都美好，有的甚至是“败笔”。

我这个人从来不吃独食

先生不是美食家，对南北菜系谈不上研究，但对于个人饮食，先生却格外精致和不容含糊，时有独特的见解。

我小时候曾留恋张可阿姨的餐桌。在食物匮乏的年代，我家有5个孩子，每餐的饭菜几乎都是定量，而张可阿姨的餐桌总能变戏法一样，摆出各色美味。先生和张可阿姨非常好客，张可阿姨又善于做菜，他们经常在家款待络绎不绝的宾客，我自然口福不浅了。这传统延续了数十年，尝过张可阿姨手艺的朋友不计其数。有了张可阿姨，即使在蒙难期间，先生还算吃喝不愁。这是我的印象。

先生爱请客，朋友们也常常宴请先生，先生三日两头有饭局。十多年来，跟先生去过的饭店无数，有高档饭店，更多是附近的餐馆。先生从来不以为花钱多就能吃得好，他更喜欢清爽精致的家常风味。有一度，姚以恩给他介绍了茂名路的一家餐馆，是淮扬菜名厨莫有才的后人掌勺，味道十分正宗。先生对里面的好几道菜都赞不绝口，常带朋友光顾。上海音乐学院东侧曾有一家饭店，菜肴虽不算特别，但有着落地的玻璃门窗和弯曲的长廊，先生很看中那敞亮和舒适，很多朋友的聚餐因此就约在那里。后来先生身体差了，不太愿意外出，宴请往往安排在庆余别墅，由庆余别墅的厨师来做。每次宴请，先生都要早早地亲自拟订名单，提前把客人都邀请到。另外每逢大小宴请，先生必亲自审定菜单，一丝不苟。他要厨师先开一份排菜计划，然后像修改文稿一样圈圈点点，剔除不喜欢的或华而不实的，加上时鲜的美味，再把自己的烹饪要求告诉厨师。先生爱点清炒河虾仁，不过虾仁须当日采购鲜活的河虾，餐桌上先生能够辨别河虾是不是真正鲜活的。先生还喜欢点海参，有时是大盘的大乌参，有时是一人一份刺参。他认为海参热量低没有脂肪，口感好，再配上一些其他菜肴，一桌酒席就很像样了。他说吃得精致并不一定要奢侈。先生的宴席总是令朋友们一片叫好，先生就心满意足地宣布："这些菜都是我定的。"记得当时有位大厨名叫常香玉，每次餐毕，先生都会把他从厨房请出来，介绍给客人。先生喜欢他的厨艺，还对他的名字很感兴趣。其实，在任何宴席上，先生都是以说为主，美食倒在其次。先生总是在饭桌上发表见解、交流信息，是人们交谈的灵魂和中心。

先生对口味绝不随波逐流，哪怕别人说得再好，他不喜欢就是不喜欢。先生有几样保留菜肴，我记忆很深。张可阿姨替先生做的一小碟煎带鱼，都是取中段的，一块块煎得金黄，那是先生专用的，因为先生既怕腥又怕鱼刺。先生还喜欢咖喱鸡汁拌饭，咖喱要很新鲜，米饭必须一粒一粒的。先生最不喜欢饭不像饭，粥不像粥。先生喜欢土豆色拉，朋友们不时会做一些色拉带来，于是先生就比较谁做得更好，判断谁更擅长过日子。先生特别钟爱家乡风味的珍珠圆子和排骨莲藕汤，直到在庆余别墅的最后几年，他还经常用电锅来煲莲藕汤。先生晚年一直很怀念童年时的美味。他对我说，原来老北京有艾窝窝、驴打滚、豌豆黄，都是他小时候爱吃的，不知如今有没有了。有朋友去北京，得知先生有这愿望，给先生捎回了这些小点心。先生赶忙放冰箱，生怕变质，然后就兴奋地打电话给亲友："快来尝尝吧，时间久了，就不好吃了！”“非典”流行期间，友人京剧演员奚中路从北京回来，专门给先生带来了豌豆黄。当时北京来客要被严格隔离，于是先生通过门卫向中路道谢，说还是把点心留下，人这次就不见了。还有一次，他听说衡山路开了一家北京风味饭店，有卖老北京烧饼夹肉，便兴冲冲地叫护工小王去买回家，结果一吃说不对，和当年的味道完全两样。

先生从不下厨，但喜欢指导别人做菜。他曾经教庆余别墅的厨师怎样做核桃酪：先把核桃肉上的一层薄衣去掉，磨碎；再把米粉碾得不粗不细，加糖，做成羹。这道菜经常在酒席上压轴端出，先生会得意地说：“这道菜是我教他们做的。”当问起先生自己有没有动手做过，先生摇头：“没有。”他还教护工小周做“清汤肉饼”：肉要新鲜，剁碎，加调料，然后把肉饼放在两手中翻拍，直拍到肉饼光滑成形，放进沸汤，再用文火炖。他会再三叮嘱火不能大，火大了，汤会浑，就不是清汤了！虽然可以这样一板一眼地指点，可先生自己倒从没操作过。先生是动口不动手，大概这就是“君子远庖厨”吧。

先生住在衡山宾馆时，通常是保姆小玲在家里做好饭菜送去。先生常夸小玲聪明，做的饭菜很对他胃口。有几次先生想换口味，就叫我下楼买西餐端上去。他比较喜欢点奶油焗面，总留我一起吃。有时朋友从外地或国外带给他一些比较罕见的食品，他也总是要请来客分享。我曾劝他藏起来自己慢慢享用，他说：“我这个人是从来不吃独食的。”他告诉我，在三年困难时期，他的肝功能不太好，张可阿姨总让他口袋里装点钱，自己在外面买点东西吃，补充营养，但他从来不习惯这样做。

先生住庆余别墅后，为了用餐方便，钱文忠给他买了一张折叠方桌，很简易的家具，先生总说这桌子解决了他的大问题。先生一日三餐都用它，用完后小周必擦干净，折起来收好，这样不占地方。先生每餐都要求先把碗碟在小桌子上摆放整齐，菜肴盛在小盘子里，然后慢条斯理地吃饭。若这时有好友来访，先生依旧留饭，和朋友共享这简单而清淡的饭菜。记得那些日子里曾和先生一起用餐的有李子云、汪丁丁夫妇、夏中义、陈丹燕、吴洪森等，还有多年来帮助先生处理古籍规划小组事务的吴曼青，先生说她独自一人，在这里吃了省得回家再做。先生病重以后，胃口非常差，经常由我上菜场寻找他能够吃的东西。我很高兴，先生爱吃我给他做的菜，这使他在最后的日子能稍微多吃一点。

希望年轻一代能跨越我们

先生说他家"人口祚薄"，但他喜欢孩子，很多老朋友的孩子都爱去他家作客，他关心这些孩子的成长和生活，帮过很多忙。他老了，对孩子们更疼爱有加。他博士生的孩子，他一个个都见过，也常常提起他们。他把自己和干外孙、干外孙女的合影放在镜框里，给来客介绍孩子们的趣事。他家楼上原来有个孩子叫宝宝，先生和张可阿姨空了就把宝宝接回家，拿出好吃的点心，逗他玩上半天。

娇娇是我的女儿，她是在先生的注视和关爱中长大的。从小，娇娇叫先生为"王公公"。先生说他不喜欢被叫作"公公"，但没有办法，因为娇娇的外公与先生从青年时代起就是好朋友，焉能不做公公？后来娇娇出嫁了，她的丈夫是个美国人，娇娇就介绍说先生是她的"Second Grandpa"，从此先生就被称作"Second Grandpa"。

娇娇从小就是先生家的常客。读中学的时候，先生听说娇娇偏科，数学成绩好，语文差，就不假思索地说："我来给她当语文老师。"于是娇娇就成了赫赫有名的大学者的女弟子。先生要求娇娇习字，临颜真卿。娇娇说："我喜欢瘦金体，我要临宋徽宗。"先生说颜体四平八稳，是基础，瘦金体要等以后再说。他还让娇娇读鲁迅的散文和短篇小说。他借给了娇娇字帖和鲁迅著作，娇娇一看，鲁迅的书居然还是发黄的繁体字版本，啃得很艰难。上课时，先生问娇娇："为什么鲁迅要在文章中写他家的门前'一棵是枣树，另一棵还是枣树'？"娇娇说："他们家的院子里种了两棵枣树啊。"先生说："你这是在做算术，哪里是在做语文？"先生又问娇娇最喜欢鲁迅哪篇文章，娇娇说是《乞丐和狗》。先生问为什么，娇娇回答："因为里面的狗都会说话，说人的话。"先生一愣："倒也说得对。"先生还让娇娇写作文，可是娇娇的作文卷往往只有三言两语，先生只好摇头："娇娇啊，真是一口打不出水来的井！看来语文老师还真不好当。"先生仍一直牵挂娇娇的语文学习，高三时，先生专门托了对语文教育有研究的宋连庠老先生，请他来辅导娇娇。

娇娇读高二时，曾在上海美术馆举办了一个小型展览会——"莫娇手制艺术贺卡展"。适逢外公外婆都去了美国，先生就代表长辈，乐呵呵地出席了娇娇的开幕式。他关照娇娇代他办一个别致的花篮，我们挑选了一个白藤条花篮，选了一大蓬金盏菊，还配了一些其他的花和蓬松的绿叶，他看到后很满意。出席开幕式的大多是孩子，先生和孩子们一起围坐在展厅中央，津津有味地听他们发言，然后和孩子们一幅一幅地观赏那些挂在排球网上、插在几何形展架上、陈放在展柜里的"小儿科"作品，最后还在留言牌上写道："前进路上，莫娇莫骄。"

先生与莫娇

娇娇考进了同济大学，学工业造型设计，先生说这个专业好，不仅适合娇娇的个性特长，而且很有发展空间，因为我国的造型设计还不够发达。那时，先生还真的给了娇娇很多点拨。娇娇喜欢黑色，往往是黑衣黑裤黑裙，黑碗黑盘黑毛巾，一律黑色。先生说："你这是极端尚玄，那是法家，是秦始皇，你一定要改变这样的癖好。"他要求娇娇在作品的造型设计中要贯穿"气韵生动"原则，这样才有震撼力。先生把这四个字一笔一画地写给了娇娇，娇娇也一直珍藏着，铭记在心。

先生在出版《九十年代反思录》时，说要和娇娇一起来做封面设计师。他对娇娇说："我的封面大多是自己参与设计的。你看，《清园自述》封面我选用黄宾虹的芦苇；《思辨随笔》我选了玛蒂斯的线描，一棵枝叶繁茂的树；《清园夜读》我找了齐白石的一幅油灯。你设计时，一定要考虑封面选用的图画和书的内涵有内在的联系。"后来娇娇找了一本保罗·克利的“冷抽象”画集给先生过目，先生很喜欢，从中选了一幅，那是一片一层层蜕变着不同形状的树叶。娇娇在先生的授意下设计出几种不同色彩构成的效果图，先生选了其中绿色叶片那一幅。先生还找出一个雪茄烟盒，让娇娇拍下上面的一片树叶图案，用来做《九十年代日记》的封面。

娇娇要赴法国留学了，先生送了我一个很有意思的对子：“莲子(怜子)心中苦，梨儿(离儿)腹内酸。”他叫我叮嘱娇娇，要记住中国文化传统，要学到真正的“法国精神”，千万不要去追逐时髦，不要一味追求古怪。他要我把娇娇的每封来信都读给他听，读着读着他说娇娇长大了，写来的信很有内容，文章好像也进步了许多。

中国美术学院曹意强教授的女儿书书，则是偶尔走到先生身边的另一个孩子。

1998 年 6 月 1 日，先生在埋头工作十多天后，终于写完《与友人谈社约论书》。这天杭州的朋友舒传曦、唐玲、曹意强一行带着书书一起看望先生。书书一直随父亲在伦敦读书，当时还是一个小学未毕业的小姑娘。在位于灵隐白东桥的中国作协创作之家的绿草地上，大家一边喝茶，一边聆听书书用英语朗诵《傲慢与偏见》。书书一口纯正的牛津英语，非常清脆悦耳，给先生留下美好印象和无穷回味。2003 年新年刚过，我去先生那里，一进门，先生就说：“你猜猜谁给我来信了。你一定猜不到，是书书，她从伦敦给我写了信来！还有贺卡！我读了好几遍，真是又高兴又意外。”他忙把书书的信拿给我看，工工整整两页纸。先生要我立即取纸笔给书书回信。

听说书书在新学校里交了许多新朋友，一起谈心、谈生活、谈时政，相互帮助与勉励，先生在复信中写道：“我认为青少年在学校生活中应当重视和朋友交往的益处。”听说书书在选课时选了数学、物理、英国文学和意大利语，他说：“我年轻的时候就没有你这种机遇，更缺乏你的毅力，希望你持之以恒，将来可以成为一个很有用的人才，为人类作出贡献。”

先生没有想到书书的专业选定了数学，他以为书书将来会专攻英国文学或其他人文学科。先生说自己儿时数学并不好，长大后攻读逻辑，才发现数学其实非常有趣，甚至和音乐有相通之处，其时再想回过头来学数学，但环境和时间都不允许了。

先生还对书书说：“你现在身居异邦，脱离了中国文化环境，我觉得这是美中不足的。我小时候生在一个相当西化的环境（清华园）和一个与中国传统多少有些疏离的基督教家庭。那时我所接触的西方文化很多，而对中国文化传统，知道的很少。直到我岁数大了以后，才领略到中国文化传统的优美内涵，现在我对它的热爱已经植根在内心深处，成为我生活中不可缺少的部分。我讲这番话给你，就是希望你也抽出一点时间，来学习中国传统文化的精髓，比如背一些古诗文，一时不完全理解也无妨，只要储蓄在那里，日积月累，积累到一定程度，我相信以你的聪颖、智慧和善良的性格，你终究会理解它、深爱它，而它也会在你的身心及人格上发挥很好的作用。”

最后，他在信中对书书说：“我已经垂垂老矣，我多么希望年轻的一代能够跨越我们前进，比我们有更多的知识，更深刻的思想，更完美的人格，而减少我们身上的缺点与错误。你在我们老辈所期望的年轻一代中，是很有希望、很有前途的。”

转眼多年过去了，料想书书定会铭记王爷爷的教诲，不负王爷爷的厚望，她如今应该已学业有成了。

我游兴不大，但有一个地方例外，那就是杭州

先生总说：“我不喜欢旅游。我只要一出门就想回家，哪怕出国也是一样。我游兴不大，但有一个地方例外，那就是杭州。”

很多年前，先生说想给杭州“湖畔居”题一幅字，因为每次赴杭必去那里喝茶，还因为欣赏茶楼老板也是一位读书人。先生问我写什么好，有什么佳句。我脱口而出，白居易的：“江南忆，最忆是杭州。山寺月中寻桂子，郡亭枕上看潮头。何日更重游?”不就很好吗？先生说，不能讲不好，只是太一般。在先生心中，杭州不是一般的赞美就足以称道的。我又说，张岱的《湖心亭看雪》呢？这短文写得好，字数又不多。先生说这是挂在茶楼的，光是看雪，还是不够贴切，再去找找吧。过了几天，先生兴冲冲地对我说，题词找到了。他摸出一张纸，只见写着：春日远汀洲自绿　波心荡月冷无声。他问我觉得怎

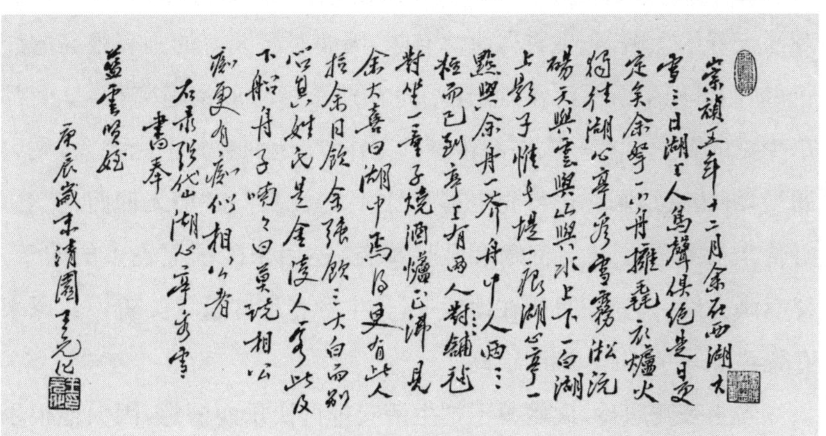

先生题写张岱《湖心亭看雪》

么样，我当然认为非常好，在西子湖畔边饮清茶，边赏春光月色，还有什么比这更美呢？先生提笔，为“湖畔居”写下了这副对子。同时，先生又说：“你喜欢《湖心亭看雪》，我也喜欢，我把它抄录下来送你。”

先生爱杭州，因为杭州秀丽脱俗，温婉宁静；先生爱杭州，还因为在西子湖畔，有一群和先生情投意合的艺术家朋友——舒传曦、唐玲、许江、王赞、刘正、胡志弘……和他们在一起，先生晚年感受到更多快乐，得到更多人间真情。

开春，他们会领先生去老龙井喝新茶，在满目青翠的茶园品尝精工细作的农家菜；盛夏，唐玲会带来刚摘下的莲蓬，一颗一颗剥给先生；深秋，刚刚收下的桂花和当季的藕粉总是会在第一时间送到先生身边；入冬，每年都会从杭州开来一辆车，大人孩子带着他们认为的天下最好吃的年货，来给先生拜年。先生爱穿一件烟灰色毛线外衣，他逢人便介绍：“这件外套是英国划船队的，是杭州的唐玲送给我的。”先生一直穿着的褐色 Clarks 皮鞋，也是唐玲给先生买的。先生喜欢这双鞋，以至此后再也没有接受过其他新鞋。他们领先生去参观潘天寿纪念馆，先生看得津津有味，因而对潘天寿的画有很高的评价；他们带先生游西溪湿地，让小舟在芦苇丛生的河道穿行，享受都市少见的野逸。有一次在舒传曦的工作室，他们带先生画瓷盘，先生题词，舒传曦绘画。记得先生写了“独钓寒江雪”和“梅无仰面花”等，舒传曦分别画了江上渔翁和几朵梅花，还用朱砂画上先生的印章。瓷盘画完后，一只一只放在地板上，先生看着那些盘子笑着说：“原来在瓷盘上写字作画，难度很高。”

先生夸赞唐玲，说她善于把生活安排得快乐而惬意，因而他很乐意去杭州。先生在杭州做了两次 80 岁生日。

第一次是1999年11月20日，先生时年79周岁，但大家说生日就应该做九，先生说：“好啊，那不如就约上一帮朋友同去杭州一游。”有位做图书发行的朋友小夏调来一辆大客车，同去参加祝寿的有先生的5位博士生，还有其他的朋友共十几二十人，住在灵隐的中国作家协会创作之家。当天下午，杭州的艺术家朋友舒传曦、唐玲、施慧、王赞、刘正、胡志弘，出版社的骆丹、黄育海，一起在“湖畔居”茶楼的一个三面临湖的厅堂里，品茶谈笑，享用各色美味，赏看夕阳西下，直至夜阑方散。第二天一早，全班人马又去游览位于植物园后山的灵峰。先生脚步健朗，和大家一起登上山顶。先生说自己从来没有到过这里。中午舒传曦、唐玲在美院设宴，为第一次快乐的80大寿生日画上句号。

次年，才是先生真正的八十华诞，先生说：“我还是乐意去杭州。”这就有了第二次在杭州为先生做80大寿。也是在11月，除了第一

1999年，去杭州为先生庆生，于中途车上

为先生庆生，众人在杭州湖畔居夕阳中合影

次参加的朋友外，先生还邀请杨丽华、郑磊等近30人浩浩荡荡去了杭州。还是下榻在灵隐的中国作协创作之家。记得那里有个小篮球场，先生拿起一只篮球，拍了几下，然后纵身投向篮框，居然中了。一旁朋友禁不住喝彩："好！想不到先生还真行，居然还进球了！"下午，"湖畔居"的酒席宴上，上海和杭州的朋友相聚一堂，各显身手。青年国画家王赞献上为先生绘制的一幅肖像，作为生日贺礼。先生兴致很高，放开嗓子唱了京剧。最后，又是在美院，全体杭州朋友宴请。来客在进入餐厅前，每人须在一张大小不等的方形红纸上，用毛笔写一个"寿"字，贴在餐厅墙上。于是，餐厅的一面粉墙，贴满了大大小小的大红方纸，上面是不同字体、不同笔迹的"寿"字，成为一幅浑然天成的"寿字图"。先生说，这就是唐玲的主意，别人想不出能这么出人意料的金点子。

杭州的艺术家朋友还想为先生做一尊铜像，问先生同意不同意。

先生说先要见一下这位雕塑家。后来，先生在衡山宾馆见了中国美院的雕塑家李秀勤教授，对她的印象很好，说是一位看起来风风火火，很有点男子气的艺术家，先生对她的作品很期待。先后历经了 6 年，李秀勤一边琢磨先生的气质和特点，一边用心读先生的书，并经常来上海，把自己做的作品小样稿拿给先生看，听取修改意见。杭州的艺术家朋友还各自都拿出一幅作品交给李秀勤，为了表示每个人的心意，他们要一起来为先生塑这尊铜像。先生病重时，王赞和舒展专门开车到瑞金医院，把基本定型的铜像送到先生的病榻前给先生过目。

在杭州，先生结识了中国美院院长许江，先生对许江的评价是“会思考而有激情”。许江读了不少先生的书，也爱聆听先生的教诲。先生每赴杭州，必约许江见面叙谈；而许江来上海，也总要上门拜访。他和先生在思想和学术方面都很谈得来。出于对先生的景仰，2005 年冬天，许江在上海美术馆专门为先生举办了一场书法作品展览——《清园书屋笔札展》。先生对这个展览非常投入，他从自己的文章中选取精辟论断，整整一个夏天伏案书写。由于那时先生正在做治疗，容易盗汗，所以他常常写着写着就满身大汗，他就擦干汗水继续再写。就这样坚持不懈，每天一幅，共写了 56 篇。

先生对杭州的艺术家朋友也很有感情。每次赴杭，他都制订好行程，和艺术家朋友们朝夕相处；每逢过年前，他都要专门备宴，招待前来拜年的杭州友人。那年 3 卷本《清园文存》即将问世，先生就选用了舒传曦的巨幅松树画作——《生命之树》作为封面图案；后来先生的书法集《清园书屋笔札》，也是专门请舒传曦题签。每当先生有新书出版，他会立即嘱我们送去杭州，并在新书的扉页上，一一写下这群艺术家朋友的姓名。

先生曾到中国美院主讲东西方文化交流的讲座，为美院教师和研究生讲过《文赋》；先生在“柳浪闻莺”旁边的大华宾馆，为周海婴《鲁迅与我七十年》一书作序；先生最爱在汪庄和刘庄小住，约见挚友林毓生夫妇，他们谈史华慈、谈千禧年主义、谈对物质主义和消费主义的殷忧；先生还在灵隐的中国作协创作之家，写下了海内外学界为之瞩目的《与友人谈社约论书》。记得那是 1998 年 5 月 18 日，我把先生送到了杭州。先生告诉我，他已经思考了很久，现在要去杭州专心致志地写一篇重要文章。他一人在灵隐山下的茶园，和古樟树为伴，完成了这篇宏文。

（原收录于《王元化先生九十诞辰纪念文集》，上海文艺出版社 2011 年版）

日记最后一年的元化先生

“文革”期间，由于我少年时代的日记曾引起了祸端，所以“一朝被蛇咬，三年怕草绳”，我再也不愿去记日记了，以免再惹是生非。在先生身边工作，很多朋友说，你应该把和先生一起的生活记录下来，将会非常有意义。但是，我想，记它干嘛呢？我只不过帮帮先生的忙，力所能及地为先生做些先生要求我做的事情，而且先生也没有要求我记日记。所以14年间，我几乎没有记录下什么文字。

先生罹患癌症时，我才猛然意识到，和先生相处的时间要进入倒计时了，每一天都何其珍贵！这时，我才感到应该记录下在先生身旁的所见所闻，说不定突然哪一天，就再也看不见，听不到了！我开始“破戒”，记起日记来，那是2007年的5月10日，距离先生去世的2008年5月9日，不多不少正好一年。以下是我所记下的关于先生生命最后阶段的日记。

2007年5月10日

上午，美国纽约大学教授瑞贝卡和她的女助手一同来访，主要是请王先生谈谈他对毛泽东的看法。她们简单问了先生的经历之后，问及先生是在什么时候知道毛泽东思想的。先生答道，是在学习毛泽东的《延安文艺座谈会上的讲话》，和读了《实践论》《矛盾论》后。在回答对毛泽东思想的看法时，先生重申了对毛泽东思想的“三个来源”的看法：一是中国传统中的“法家”思想，毛是尊“法”批“儒”的；

二是苏式的马列主义，他（毛）本人肯定没有读过马克思的原著，主要是接受了列宁的无产阶级专政学说；三是农民起义和“造反有理”说，从他的《湖南农民运动考察报告》中可以看出。完全是“马克思列宁加秦始皇”。在回答毛泽东有什么功劳时，先生认为当时在一些具体战术方面，应当是有他的高明之处，但是这也不应该归功于毛泽东一人。在回答如今的物质主义、消费主义对文化的打击，和“文化大革命”对文化的打击相比，那个危害更大？先生的回答是，现在的更大。“文革”只是从外部灭绝了人们追求理想的条件，而在人们心中，还保留有一份精神追求；而今天，人们的心已为物质主义、消费主义盘踞，已全然丧失了精神方面的追求。连一些资质很不错的学生，考虑的也完全是毕业后的生存问题、就业问题，除了赚钱别无他求了。这令人痛心。

他们谈了一个上午。

瑞贝卡教授问先生是否见过毛泽东，先生说在 1952 年的全国文代会上，受到过一次接见。先生和许多代表一起等了很长时间，毛泽东来了，许多代表蜂拥而上，群情激动，而他自己却突然失去了热情，呆立着，没有随人群拥上前去。

下午去银行，处理先生工资等琐事。

2007 年 5 月 11 日

上午林炳秋和姚以恩来访，会谈甚欢。

姚以恩谈他在反右运动中如何机智地“漏网”，“文革”中，如何借助“串联”游山玩水，以及在食堂打饭如何“一餐混两块肉”的旧事，引得先生哈哈大笑，说老姚是一个“滑头”。

下午去老年大学学画山水，是起点班，希望能学得下去。

2007 年 6 月 29 日

上午吴敬琏夫妇来瑞金医院探访，谈了一个多小时。

吴敬琏先生认为，当前舆论控制较之前似乎有所放松，如重庆拆迁“钉子户”，媒体一宣传，各地的“钉子户”都纷纷前往声援，竟有数万之众。还说及目前国内的经济形势，如同亚洲、日本经济危机之前的繁荣，堪忧。

先生问有什么可读的书，吴先生推荐林达的《带一本书去巴黎》《西班牙旅游笔记》《总统是靠不住的》，中午在复兴西路的季风书店居然全部购得，果然十分吸引人，特别是对法国大革命、激进主义的批判。

下午是先生的会诊，看来还是有些问题难以解决。

2007 年 6 月 30 日

上午洪森来探视，先生又谈及对《论语》的看法。

先生不认为《论语》易懂（针对钱理群的观点），他认为其实是很难读懂的。因为仅仅是学生们记录下来的孔子语录的片段，不知当时的语境等具体情况，理解其实十分困难，他曾写过几篇短文，谈过一些。洪森作了录音。

2007 年 7 月 10 日

和先生谈诗。先生说你喜欢诗，可惜我不擅长，真应该替你找个好老师。

先生说，曹禺哪里是诗人，这种“太阳升起来了，可是它也不属于我们，因为我们要睡了”算什么诗句！可是年轻时读了，却被它深深打动！我说，曹禺是剧作家啊，这不是诗句而是台词。先生说也是。

闲谈时，我谈到我的三伯从美国回国养老，希望找个护工自己过，可是他被儿子媳妇接回家，住在松江的高档别墅里，每天给他最好的食物，但出不了门，于是他说：“我现在是天亮了等天黑，天黑了等天亮，一天天等啊等……”

先生念及一段《庄子》：“泽雉十步一啄，百步一饮，不蕲畜乎樊中，神虽王，不善也。”

先生说，其实人只能分两种，有感情和通人性的，和没有感情的不通人性的。哪怕到了垂暮之年，我还是这样看。

2007年9月26日

整理《读莎士比亚》《读文心雕龙》的小引、出版说明，都完成了。上午就给先生翻翻报纸、读读书。

先生还是不停地咳嗽，胃口差，中午仅一碗小馄饨而已。

Greg（娇娇的前夫）来取娇娇的一串钥匙，是娇娇遗忘在庆余别墅的。先生说，这个娇娇，总是丢三落四，实在是个马大哈！又对我说，你也爱丢三落四，不过丢三落四的马大哈往往都是好人。像某某某就绝不会丢三落四的。

我觉得很好笑，就问先生：“那么你会丢三落四吗？”先生答道：“当然不啦！我是很细心的，做什么都很有秩序，这得益于我读了黑格尔。”又说：“其实我年轻时也丢三落四过……”

2007 年 9 月 27 日

妈妈给先生送来一束粉红色的绢花，淡雅的粉红色花瓣层层叠叠，在绿叶的映衬下很是娇美。先生不喜欢鲜花，是因为对鲜花散发的气味过敏。而先生家里原来的一束小花也是绢花，那是年初赵丽宏送的，一直放到现在。妈妈插好了花兴冲冲地捧给先生看，先生说很美，只是花枝应该插得更蓬松一些，要错落有致。插完后，大家细细观察，在透过窗口洒进来的阳光照耀下，花束显得生气勃勃。欣赏之余，先生冒出一句评价："可惜这些花朵都是一模一样的，如果是有花苞，还有含苞欲放的，甚至有即将凋谢的，那会更美。"我们再仔细看，果然如此，所有的花都开得整齐划一：如麦当劳，如兵列，如"一二三，起步走"，一个模子刻出来的！缺乏生命自然生发出来的美丽，这无疑是美的缺憾，这也就是产品而非真正的艺术品了。

2007 年 10 月 3 日

和先生一起看特奥会开幕式。热热闹闹的威风锣鼓敲响，红彤彤一片好不威风！屏幕上鼓手在敲击着鼓点，观众席上也布满鼓手随着节奏击鼓。先生说，这拼命击鼓是什么含义呢？我告诉先生说，这档表演的主题是《和谐》。先生说，怎么就看不出"和谐"呢？我答道，大约是台上和台下鼓声的节奏相互呼应融为一体吧。先生说我怎么就感觉不到里面有"和谐"这样的意味呢？又加了一句：你不能硬把一堆狗屎说成叫冰激凌吧！

先生说，现在的电视没得可看的了，看了叫人生气。

今天来了很多人，有李子云、徐钤，邵敏华还带来一位郑先生，还有黄屏、姚芳藻等朋友。

2007年10月4日

上午《解放日报》的司徒伟智来，带来了他早年购买的第一版《文心雕龙讲疏》和《思辨短简》，请先生签名。先生慨然应允，并送他《读黑格尔》《人物、书话、纪事》各一本。司徒告诉先生，他之所以知道先生是因为先生的姐姐王元霁是他的中学化学老师，王元霁老师曾对学生们说："我的弟弟不是什么反革命，他是一个才子！"因为这句话，她在"文革"中挨了批斗，可是作为学生的司徒从此知道了王元化，并开始关注先生的著作，而且越读越有劲。先生问司徒，现在比较好看的报纸有没有？司徒说大概《南方周末》还可以。先生说："哦，《南方周末》我已经看不到了，他们现在不送我了。他们曾经向我索要题字，可是规定要我写：'从这里开始，我认识了真理。'但是我不认为我是从这里开始才认识了真理，于是我就搁下了，没有题。也许因此，他们再也不赠报给我了。"

司徒却有意外的收获，喜出望外地告辞。

午餐：炒南瓜、烤麸、排骨莲藕汤。还有我做的百合汤，他还爱喝。

先生说想换一盆花，要草花，我答应去找找看。

2007年10月5日

先生要我读北大哲学系教授汤一介的《五四运动与中西古今之争》。先生说，汤先生的一些看法还是很有道理的，但他对汤先生的文化三分法——激进主义、自由主义和保守主义，并不赞同。先生还说"文如看山喜不平"，汤先生的文章显得平了些。又读《报刊文摘》中洪森所撰《谈知识就是力量》，比较中国人和犹太人的教育，中国人过于注重知识的传授灌输，而缺少对知识背后的学问、智慧的认识。先生说洪森的观点没错，问题是他还是没有说出所以然来。先生还说中国教育的弊端还不仅是灌输式的问题，还有应试教育和实用主义的问题。学习考虑的是回报是什么，有什么好处，这是“目光短浅”的问题。他说：“如果我小时候学习只是考虑回报，就没有今天的我了。”

司徒发来一则短信：

> 小蓝，谢谢你的安排，让我有一次聆听元化先生教诲的机会，而且，还得到这许多签名本的王著呢！
>
> 回家后，我查找出《歌德谈话录》（人民文学出版社 1978 年版，艾克曼辑录，朱光潜译）和《胡适之先生晚年谈话录》（中国友谊出版公司 1993 年版，胡颂平编）。我建议你效仿艾克曼、胡颂平，编一本王元化先生的谈话录，可好？前述二书，似容易就近从上海图书馆借得。倘有不便，则我可将手头此二书立时送来。
>
> 就我视野所及，在胡适过去以后，王元化堪称中国思想学术界第一人。坊间流传有“北李（李慎之）南王”或“北季（季羡林）南王”，其实李有思想缺学术，季有学术缺思想，王则二者兼具。所以此事意义甚大，将嘉惠后学的。粗浅建议，仅供参考。

我把司徒的短信读给先生听后，先生笑了笑纠正：“是流传‘北钱（钱锺书）南王’吧！”

中午胃口仍差，为他做了他要的红烧素鸡，还有荷兰豆，都只动了两筷子,说是没有饿的感觉,也没有精神。怎么办呢?无奈!

2007年10月8日

又住进瑞金医院,复查。一早,空腹抽了十几个小瓶的血,还查了B超、CT、核磁共振等。

2007年10月9日

和林毓生先生通电话,抱怨现在简直没有东西可看,现在的文化是嘈杂而无序,如同汽车喧闹的杂音而不是音乐。

下午胸科医院肺癌专家廖美玲来会诊,说情况尚稳定,没有发展。

2007年10月11日

说起陈丹燕为先生写序一事,先生说最爱罗曼·罗兰所写的英雄传记,嘱转告丹燕认真阅读。

2007年10月12日

先生今天出医院,故我一大早就赶往瑞金医院。

先生说睡得不错,就是老做梦。我问做什么梦?先生说梦见和张可阿姨在一起,张可阿姨走啊走啊,他就跟随在她的后面,一会儿到这儿,一会儿到那儿,后来好像是到了医院里。

我说先生一定是非常想念张可阿姨了,所以梦里就见面了。

回到庆余别墅,仿佛松了一口气,觉得轻松,至少生活方便许多。

先生谈及某某近来总是抱怨一切,抱怨别人。他说勿道人之短,勿说己之长,施人慎勿念,受之慎勿忘。我从小就接受这样的教育,要记得别人对自己的好，可有人却反过来，专道人之短，专说己之长，这样不好嘛！

屏幕上出见杨振宁先生接受采访，谈了各种感受。先生说，他还是有些问题没有谈到。

丹燕来电，要我帮助先生整理的谈话录、文章及一些对先生的评论，并约定周一碰头。

2007 年 10 月 13 日

早上陪先生走路，他问爸爸的情况。我说爸爸情况不错，虽放弃去美国探亲的打算，但想在国内各地走走。先生说，怎么体力这么好，我现在是任哪里也不想去了，毫无欲望了。又说，不过，如果有一场余叔岩的戏，就算情况再糟糕，我还是会撑了去的。

先生精神还算不错，为《社会科学报》的段钢题写了大字“和园”，还替一位已经不记得姓名的索字者题了字。余兴未尽，先生还问再写些什么？我想起前几天先生梦见张可阿姨一事，就说不如就写苏东坡的“十年生死两茫茫”吧。先生要我先用笔写下来，我便抄在纸上，再给先生用毛笔书写在宣纸上。写到一半，先生说好像漏了些什么，我拿过原稿再读一遍，发现上阕漏了“纵然相见应不识，尘满面，鬓如霜”。先生说：“好一个马大哈，差一点让我和你一起‘马大哈’了！”

饭后散步，和先生说起国庆节陪爸爸妈妈游丁香花园。先生说，1949 年后他们住在丁香花园旁边，承义曾和柯庆施的儿子一同在丁香花园骑车玩，那时候张可阿姨不用工作，先生不要张可阿姨恢复组织关系。这是先生一段短暂的幸福时光。后来便是一个接一个的厄运降临，他说自己是很命苦的。

2007 年 10 月 20 日

与先生一起编写大百科约稿的书目，共计十多个专题，其中有一个谈毛泽东，拟标题时，我建议为“读毛著记”。先生说不好，不如用“读毛选记”，则可理解为“读——毛选——记”，也可读作“读毛——选记”，任凭想象，确实高明。

2007 年 10 月 25 日

丹燕来访谈，按先生的要求写恐怕有些难度，她希望能常来探望、陪伴先生，就所见所闻，联系其他材料来写；或是按照《九十年代日记》中有些比较含糊的记录来谈，可以谈得具体一些。丹燕说，比起萧红谈鲁迅，自己也许可以写得更好一些。因为萧红对鲁迅有过分的敬仰，难免有些神化了。谈到丹燕在大学读书时的一些旧事，先生很开心。我提起先生自己为自己的书设计封面，也很有意思。特别是《九十年代反思录》《思辨随笔》《九十年代日记》用的都是树叶子。《思辨随笔》用的是马蒂斯的装饰性很强的线描树，树丫伸展开来，挂着一片片树叶，枝叶相连；《九十年代反思录》是让娇娇找来的保罗·克利的“冷抽象”作品，是我先从书上看到了推荐给了先生，然后娇娇找来了画册，从中选了一片树叶由里向外层层蜕变着的形状和不同的绿色；《九十年代日记》更有意思，是先生家里有一只雪茄烟盒，上面用笔触流畅的寥寥数笔，在鲜蓝的底色上用橘色线条勾画出一片树叶，鲜活明亮，也许是体现了思辨过程中收获的快乐。

中午，我们 3 人高兴地吃了小周的手擀面，先生胃口依旧差！不知如何是好！

晚上，夏中义来看先生。先生往往都是单独约见夏中义，不想受到干扰。谈完后夏中义来我家,取走先生的题字。夏中义说,丹燕适合写印象记,但不适合写传记。

2007 年 10 月 28 日

先生收到来自新疆策勒县的一位战士来信,说很爱看先生的著作,并寄来两张明信片,请先生题词,先生欣然应允。他为这位战士题写了"呕血心事无成败,拔地苍松有远声"和"含英咀华",嘱我寄出。

2007 年 10 月 29 日

口授给《读书》杂志吴彬的回信。

林其锬来,谈《刘子集校合编》一书出版一事,他为此事呕心沥血。先生给出一些建议,答应从古籍整理经费中拨出 5 万元资助,并请吴曼青找王兴康联系出版。

2007 年 11 月 30 日

今天是先生 87 周岁生日,瑞金医院的医生、护士专门为住在医院里的先生庆生。他们在会议厅做了布置,买了蛋糕,为先生唱生日歌,一起吃蛋糕,先生很高兴,也有些意外。

先生对我说:"在病中,我感到了人间的爱。"他说:"蓝云啊,我原先总认为你是一个无原则的好人,你把一切都看得美好,把什么人都当作好人。而你总责备我对人过于严苛,近乎挑剔,把别人都看得很坏,这是对我的误解,是不对的。可是现在,我越来越感到你还是有道理的。你看,大家都对我这么好,医生护士都这么细心,打针一点也不疼，为我溃破的创口换药也不避嫌，还给我过生日”“护工小周也是很呵护我，夜里但凡有一点点动静，小周总是很警觉，几次半夜起来照顾”。先生还说，要不要请两个护工轮流值夜，否则怎么吃得消？甚至特地准备了一笔钱，嘱咐在自己走后留给小周，还托朋友在他走后替小周安排一份工作。他说：“你看曼青、洪森、丹燕，还有那么多朋友，给了我那么多无微不至的爱，我觉得你是对的。”

2008 年 1 月 23 日

我告诉先生，在电视里看到文忠谈季羡林先生的“罗曼史”。先生说，自己唯和张可阿姨，除此以外没有什么罗曼史。说起当年谈恋爱时，荡马路路过复兴公园，先生提议去公园逛逛，张可阿姨赞成，先生就去买票。可是在卖票处，先生口袋里却掏不出一文钱来，在张可阿姨面前感到很窘；可是，张可阿姨一点也不在乎，大大方方买了票，拉着先生走进公园去。

2008 年 1 月 25 日

先生不住地咯血，已有数月。大家告诉他患的是肺结核，慢慢会好起来。我们都在善意地欺骗着先生。今天他突然问我：“蓝云，你告诉我实情，我得的肯定不是什么结核，一定是肺癌！对吗，不要瞒我嘛。我不是傻子，你应该对我说实话。”他盯着我的眼睛询问实情，我一时语塞，不知怎么回答，却忍不住哽咽。先生说：“其实我早有预感，我的日子不多了。”我默默流着泪，先生用仍然那么淡定的口吻对我说：“你不要这样，你难过，我心里会更难过。我并不害怕死亡的临近。但我是一个缺少耐心的人，不能读写，成天睡在床上，从一个思想着的人，变成一个纯粹生物意义上的人，生命对我已全无意义。如果这样，就让我从容地有尊严地走。张可走时（一年半前）我很难过，最后的日子，我虽然也一直关心她，可是自己也是百病丛生，不能随侍在老伴身旁，我是遗憾的。而我生命的最后一程，我希望你陪伴着我，你能这样天天来我身旁，我心里很满足了。我总是说，我并不寂寞，但是我孤独。这十几年有了你，我就不那么孤独了。现在，我要离开你了，我最是放心不下，你今后的生活快乐吗？你生活得好，我才放心啊。"我忍不住伤心的泪，先生什么都明白。

先生抱怨没有什么好书看，我替先生读何兆武先生的《上学记》，这本是西南联大时期同学们求学生活的纪实，先生说这部书写得好，每个人物都描写得很准确，我们一连读了好几天。

2008 年 1 月 26 日

昨夜起，上海飘起难得一见的鹅毛大雪。和先生在病房赏雪景，先生指着窗外问："描写雪景什么作品写得最好？"我想想说："北国风光，千里冰封，万里雪飘……"，先生说："唉！不对。描写雪景最好的要数《水浒》中，在林冲夜奔那一场，'那雪下得紧……'给我的印象最深。"

上午童世骏来看先生，特为叮嘱有什么需要可以找他。戴鹏海来，谈到某人，戴认为其频出风头，喜欢作秀。

林同奇来电，说读了《沉思与反思》，体会颇深，要专门写一篇文章。还说自己和先生的人生经历相仿，可是却不能如先生那样有建树。

2008年3月20日

连续几个周二为先生清点存放在上海图书馆工作室内铁皮柜中的文件资料并造册。上周六先生签字,统统交给华东师范大学"王元化学馆"。

赵丽宏为作协定制紫砂茶壶,集了先生所书"拔地苍松有远声"中的"苍松远声"四字。赵丽宏和宗福先等一同来探视先生,送来20把紫砂壶,说是请宜兴名家制作的,想让先生高兴。

2008年3月25日

今天林同奇先生在来信中说起,细读了先生的《清园丛书》以后的5点感触:

> 一,我记得章学诚在谈及考据、词章、义理三种学问时曾从人的性情入手提出"考据主于学"需"记性","词章主于才"需"作性","义理主于识"需"悟性"。章氏的"三性"主要是指天生的资质或"基因",你甚幸似乎集三性于一身。
>
> 二,你的文章无不发轫于国家民族的劫难和个人生活的遭遇。往往是"灵魂的拷打(煎熬)"与"心灵的解放"并存,是痛苦与欢乐的交集。
>
> 三,你的学与思都体现了熊十力先生的两句话:一是"沉潜往复,从容含玩",二是"根柢无易其固,裁断必出于己"。
>
> 四,你的"反思"甚具特色,国内外少见。我猜想可能与中国的传统有关,但也融入了西方典型的求真精神。
>
> 五,我几年来一直在研读史华慈著作,在研读你的著作的过程中,强烈地感到:东哲西哲,心有灵犀一点通。

林先生说电话交谈不如笔谈，请我“多多协助”。我靠近先生的耳朵，大声读给先生听，先生听了林先生的来信很感动，立即嘱我拿来纸笔，吃力地逐字逐句口述了给林先生的复信：

同奇仁兄：

非常感谢你以同情的态度、爱护我的心情，对我进行了鼓励性的分析和评价。

我现在躺在医院里，已经有5个多月了，什么事都不能干了，我说自己已经由一个精神人变成为一个生物人。但我是个唯精神主义者，这样的生活实在过不惯，只有隐忍以赴之。

我觉得在治学方面还有一个特点，就是我热爱我的工作，就像热爱我的生命一样。你对我的评价说得太高了一些，我只能说我的记性比较好，我现在还能记起我四五岁时候的童年生活，跟我家里的其他人相比，这是比较特殊的。你提到你最近看的那些书，我觉得自己也没有做深刻的发掘，也没有作更进一步的阐发。那些观点只有几个比较了解我、爱护我的朋友赞同，可是大多数的人反对它们。我自己觉得需要努力的时间还很长，是不是可以把我的一些想法说得更清楚一些，让大家可以了解它们。还有很多话，想和你多谈一会儿，但身体虚弱，没有力气谈了。

最后，我想再回应你一条意见，就是做笔记的方法很有用，不要拘于形式上如何整齐漂亮，只要唤起记忆，能够点拨思想就行了。

王元化

2008年3月26日上午10时

先生的思路依然清晰，但明显的体力不支，每一句每一字都那么费力，而且明显意犹未尽。整理好了信稿，我按照惯例立即传给了大洋彼岸的林先生。

2008年3月27日

林先生收到我传过去的先生的短函，于当天就写来了复函。恰巧他家的扫描仪坏了，他的福建口音又使他始终无法作中文文字的输入，情急之下，他就只好用英文写了回信通过电子邮件发给我。一早我带着林先生的英文信到了瑞金医院，正好看到汪丁丁和小李也来了，于是就由丁丁把林先生的英文来信翻译成中文读给先生听。

林先生在来信中说：

> 在来信中你称自己为“唯精神主义者”，我认为你在这里用的“精神”一词，与黑格尔当年在柏林大学发表就职演说时的用词乃异曲同工。那么，请允许我姑且将之译为“精神”(geist)，它所指代的东西似乎是超越了“思想”，而是一种对真理的无止境的追求。

林先生在信中谈到了先生的“反思”：

> 我觉得你一生中三次“反思”里的第二次（即1956年的那次）最为关键，因为它粉碎了束缚你思考的正统教条之锁链，让你的头脑得到了解放。另外，我还感觉到，随着21世纪的到来，

你的思想会随着你学术视野的开阔，而变得更为包容与全面，它将更为面向世界，面向未来。你对西方启蒙运动的思考，以及对人类未来发展的深切关注，与本杰明·史华慈(Benjamin Schwartz)的思想正是遥相呼应。

此时的先生实在已是精力不济了，趁着清醒的时分还要抓紧审校和林毓生的对话稿，以供《文汇·笔会》发表，加上忙于处理筹建“王元化学馆”的事务，也就没有回复林先生的来信。

陆灏拿来了林毓生来探望先生时的对谈稿小样，《文汇·笔会》准备分两期发表。俞慰慈和赵坚也都来探望，赵坚带了日本最好的米来，说给先生煮粥。

中午和丁丁夫妇，还有洪森一起在瑞金宾馆锦悦轩午餐。

晚上唐玲来电，说是从丁丁处得知了先生的情况，决定从杭州把李秀勤做的青铜雕塑胸像送呈先生过目，不知先生满意不满意。

2008 年 3 月 28 日

一个月前，春节后，先生做了 CT 复查。因为出现了癌症的脑转移，医院决定进行照光放疗。照了一个多星期，反应很大，呕吐恶心，头发脱落许多，听力下降，所以停止了放疗。每天依然进食很少，只吃些我和小周做的汤汤水水。咳嗽得很厉害，靠含有吗啡的阿桔片和止咳药水止咳。先生没有精神，仅靠挂营养液来补充营养。

上周二先生咳嗽大咯血，殷红的血喷溅在洁白的被子上，触目惊心。医生下了病危通知，说是随时可能有危险。

先生的妹妹王元美和她的儿子、女儿陆续从美国赶来探视先生；

先生的表妹也从北京赶来和先生告别，她含泪和先生说："哥哥，你受苦了，看见你这么受罪，我们心里很难过。"

先生说："我已经从一个精神的人变成一个纯生物性的人，人其实是很可怜的。我的这位表妹其实一直是非常爱我的。"他们依依不舍地诀别，令我心酸！

一早和娇娇去医院，把娇娇赶制出来的学馆室外立体设计效果图拿给先生过目。共有10个样式，先生一一细看琢磨，提出了修改意见，让娇娇修改，他还提出希望用白色带红黑点的花岗石。

丁丁和小李也在，一直在谈学馆的室内设计，主要是娇娇在谈。

王赞、舒展从杭州赶来，冒雨送来了先生的青铜像。先生说铜像似乎激昂了一些，希望更富于人文精神一些。他说自己性格中是有容易冲动的一面，但反思过后，总是会在文章中斯斯文文地讲道理，先生说自己内在的本质、最至高的追求是——人文精神。

2008年3月29日

娇娇根据先生的要求，又做了一套"王元化学馆"装修设计方案的效果图给先生过目，也算是抛砖引玉。先生希望学馆门头上方的装饰要典雅大气，有外滩建筑的味道，或者是带点欧式的乡间房舍的风格；布置要有聚有散，有的地方繁复，有的地方简洁。学馆里还要放一张先生母亲的照片，大一点，镜框采用《清园书尾笔札展》的那一种。真不愧是大家，总是有着自己的见解。先生的头脑一直清醒。

今天上午俞慰慈来，带来了日译本《思辨随笔》的样书。先生很高兴地翻看，对俞慰慈说学馆要展出日译、英译版著作，还要展示译者的照片及小传。先生请俞慰慈转告冈村繁先生：我在好几个国家都有好朋友，美国有林毓生、林同奇，瑞典有马悦然、罗多弼，日本有冈村先生。此事请一定要转告冈村先生。

洪森也从香港回来了，一早就赶到了医院。

2008 年 4 月 4 日

先生的情况看来还稳定，一清早起来，用轮椅在走廊推上一圈，聊聊家常，然后坐一会儿，再躺上床吊营养液。先生闭目养神，时而醒来和我说说话，再入睡。

下午，先生急匆匆来电，但当时我在电话中的应答，先生已经听不清楚了，我只好放下电话后立即赶去。他来电是因为听说李锐脑梗，他很急，要打电话过去慰问，但手边找不到电话号码，要我立刻打电话给文忠，让文忠转达他的慰问和关切。先生还说如果文忠人在北京，就代表先生前往探望一下，如果不在北京，则打个电话过去就行了。先生惋惜地说："本来他还说要来上海看望我，想不到一下子就这样了。"

2008 年 4 月 5 日

早上去先生处，他已经躺在床上。他说："我现在老是昏昏欲睡，简直像一只猫。"又说："我感到寂寞。"尽管人来客往，还总是有寂寞感。我心里很难过，握着先生的手，我不知说什么来安慰先生，语言是多么的无力！

窗外，下着雨，天阴沉沉，雨还要下。昨天是清明，真是清明时节雨纷纷。

2008年4月7日

林同奇先生又有信来，谈到先生第二次反思最引他注目的是，先生靠着与他人相比远为单薄的思想资源（主要是黑格尔，还有启蒙运动），独立思考，这点非常难得。他说要做到这点，如果没有追求真理的坚贞意志和独立思想的力度，恐怕很难完成。

林先生联想到自己：

> 我比你只小3岁，出身和遭遇其实有很多相似之处（包括1949年前参加共产党地下工作，以及和胡风案件的牵连），但是自从反右后被划成“中右”，受了处分（经过了6年，1964年得到平反）之后，我不仅不敢“言”，更可悲的是几乎不敢“想”，长达30年之久。我也曾被“隔离审查”3个月，其间我读了一堆马恩列毛的著作，这时我顺着指定的方向，拼命地自我革命……你说你每读《报任少卿书》，总引起内心的激荡。“文王拘而演周易”，这个“拘”有点像“隔离审查”，可算为一个深入反思的外缘，但主要还是“内因”。例如你为顾准书所做的序，尤其是《无梦楼随笔》的序曾使我落泪。其中一段提到你自己的“心灵交战”，尤为真切。现在有这种感觉的人是越来越少了，大家都是自我感觉良好。

2008年4月8日

今天一早，先生就不开心，说学馆进展太慢，希望尽快把东西都集中到华东师范大学。但学校有难处，主要是档案馆的态度不配合，需要先生自己发话，档案馆只能要什么再复制什么。又不便和先生明说。

2008 年 4 月 9 日

张济顺来电，她已和市领导通了电话，表示要做工作尽快把学馆建起来。其实她们都很尽心尽力。市领导让华东师大尽快拟一个文件，她会作批示，再召集华东师大和上海档案馆、上海图书馆三家一起开个协调会，明确要求把资料集中到华东师大。

她说，其实学馆还未建，不利的传闻已经很多，说先生是个很超脱的学者，为什么人还在就要建纪念馆。还说某某有自己的目的，想当馆长。还说，现在建名人纪念馆要报中央批准等。他们也是有不小的阻力。

张济顺真是除了对先生的敬仰，还有深深的爱戴之情！她们说一定加快进度。

先生口授了几个意见，希望把自己捐给档案馆的全部照片、信函、日记、笔记、光盘，都集中到华东师大王元化学馆，供展出研究之用。他在意见书上签了名。

晚上收到了林同奇来信。

2008 年 4 月 10 日

一早，吴曼青拿来了和林毓生对谈下编的稿件清样。先生更正了编辑修改的不妥帖之处，在如此体力不支的情况下，一口气看了差不多一万多字，令我钦佩。

为先生读了林同奇来信，还读了相浦绫子的来信。先生说这些信很重要，要保存好。

海蓉带着儿子从荷兰赶来看望先生，先生很高兴地回忆起当年去荷兰，海蓉接待他的情形。

王安忆、赵兰英也来探望先生。

2008 年 5 月 6 日

今一早文忠到了，后来曼青也到了。

昨天先生还清醒，说话也清楚。今天上午，先生也还清醒，只是脸肿得可怕。医生说癌细胞在脑部的转移已经很严重了。

先生希望知道病情发展的真实情况，让他有所准备。他一再强调，他不希望抢救，不希望拖太久。

看着先生，我很难过，大家心里都不好受。

他还是关心学馆的事，特地叫来晓明，重申了要选他在《当代思想史的脚注》中的几句话，说是要刻在学馆的石碑上。

2008 年 5 月 7 日

今天上午，华东师大在医院召开了学馆建设的规划讨论会。

讨论认为，学馆应当具备学术交流、学术研究的功能，从长远发展来看，应当建立王元化学术研究基金，并设立一个学术成果奖。学馆由对外联络发展处承担前期建设。

明天下午姜樑要召开上海图书馆、档案馆、华东师大三家的协调会。

会议认为，学馆不应该纯粹是展览馆，先生研究的领域较多，留下很多研究方向，可以供后人继续研究，也应该可以招收研究生。先生是个通才，不同的学科都有所涉及，因此教学和科研可以整合。单是陈列就比较消极了，学馆不是陈列馆，不仅仅是供参观。

会议认为，第一重要的事情是建立王元化基金会，成立有力的筹款小组；建立王元化学术奖，这是一个打通文史哲研究的学术奖。要有筹款计划，有营销人才，根据财力来展开工作。

会议认为，体制可以虚实结合。应当有基金会、教育功能、学术研究功能、培养人才功能，教授可以是从全球范围内聘请等。

学馆的建立正在紧锣密鼓地和“死神”赛跑。

2008 年 5 月 8 日

今天是我的生日，先生这样的身体状况下，居然还记得，我一去就祝我生日快乐。

丁丁和小李来了，童世骏也来了，但是先生已经不太能说话了。他示意要丁丁坐在他的床头，拉着丁丁的手对我说：“他是远道来看我的。”先生吃力地叮嘱我要带丁丁、小李上楼去吃饭，记在先生的账上。离开病房时，小李泣不成声。

我贴着先生的耳朵，告诉他学馆开会的情况。

洪森也来了。

2008 年 5 月 9 日

一早，先生的脸肿得更厉害了，吸氧气的管子在脸上勒出了深深的印子；手脚都肿了，但仍然需要挂针。先生说话更加含糊不清，昏迷的时间也更加长了。依稀能听明白的还是，学馆里外文译著的陈列，一定要放译者的相片，还有他们的小传。

晚上，晚饭后不久，小周从医院打来电话：“大姑（先生的护工都这么称呼我），爷爷走了，刚刚走的。”我丢下手中的一切，直奔瑞金医院；同时给先生的朋友和学生打电话。我赶到医院，先生安卧在病床上，像睡着一般。但是，先生不再会醒来了，先生的苦难也结束了！很多朋友匆匆赶来，赶不到的也纷纷来电话哀悼先生。

大家扶着病床，把先生送到太平间。不能再送了，送君千里终有一别。

别了，生活里将再无我的先生。可是，对于我而言，先生永在我的生命中。

（原刊于《世纪》2019 年第 6 期）

老兄弟束纫秋

我叫束纫秋先生“束伯伯”，他同先生和我爸爸都是地下党时期的老战友、好朋友。当年地下党文委过组织生活，地点就在束伯伯所在银行的办公室。他们从热血少年到耄耋老翁，尽管身处不同工作岗位，却始终患难与共亲如兄弟。据说当年先生出任上海市委宣传部部长前，组织部找一些了解先生的干部听取意见。问及束伯伯的时候，束伯伯直率地说，他认为以先生这样的性格，是不适合担任市委宣传部部长这个职务的。后来先生得知后说：“还是老束了解我！”多次在朋友面前谈起这件事。他对当年束伯伯直言不讳并且“投反对票”的做法，不仅没有不高兴反而赞誉有加。

1949年后束伯伯先在上海市委宣传部工作，于1957年调任《新民晚报》总编辑，“文革”中《新民晚报》停办；1976年“四人帮”粉碎后，他出任上海出版局副局长兼上海辞书出版社社长、总编辑，这段时间他的最大贡献，就是着力完成了《辞海》这个重大出版工程。1980年代初《新民晚报》复刊，束伯伯就回去继续担任总编辑，和担任社长的著名报人赵超构一起，继续着他们对于中国新闻事业的理想。有束伯伯在，《新民晚报》就是先生最愿意发表文章的领地（按：先生登文章比较多的另一家报刊是《文汇读书周报》）。先生把重游故乡荆州和重访清华园等游记都交《新民晚报》连载，在那里连载过翁思再对先生的访谈——《京剧和传统文化答客问》，他还在晚报开设过一个由他口授，我帮他整理的不定期专栏——“清园谈话录”。

《新民晚报》新大楼建成后，先生和他的老兄弟们的聚会，常常被束伯伯安排在《新民晚报》新大楼，束伯伯还带着这些老兄弟参观了亲自督建的这座非常气派的《新民晚报》新大楼。我的爸爸和先生是必到的常客，经常参加的人中，还有“孤岛”时期同在一起工作的老朋友刘人寿、郑仲芳夫妇、包文棣、徐尚炯、宗政文、陆文达、黄月华等，而被邀请的人选名单，往往由先生来拟定，用我们现在的说法就是：先生请客束伯伯买单。这帮老兄弟们乐此不疲，后来大家又纷纷要求轮流做东买单，仍然是请先生来拟定人选。据我所知，凡是重要的老朋友聚会，先生拟的名单里都不会没有蓝瑛和束纫秋。

先生与原地下党老同志，先生站在左起第3位

束伯伯的身量高大，仪态儒雅，性格随和，脸上常挂笑容。他平时话虽不多，却是个富有办报经验的老报人。在网络没有兴起的年月，《新民晚报》乃是全国民间发行量最大的报纸。束伯伯和赵超构的办报宗旨，是要让《新民晚报》“飞进寻常百姓家”。在统筹日常办

报的同时，他和“林放”（赵超构）分别写言论专栏，成为报纸的“眼睛”。束伯伯有“言微”和“荆中棘”两个笔名，分别用在“今日论语”和“一笑之余”两个专栏，前者主要是评论时政和社会新闻，后者则着重于针砭时事，挥洒自如地批判和讽刺不正之风。

束伯伯 1919 年出生，长先生 1 岁，是先生的兄长，交情深厚。先生告诉我，1930 年代在地下党文委工作认识束伯伯的时候，他是杂志编辑并在学校授课，在中共地下党内是小有名气的青年文艺理论家。而束伯伯虽是银行职员，但短篇小说写得非常好，他记得其中有一篇《节日》是写一个小职员，生活过得庸庸碌碌，毫无激情和乐趣。在抗战即将胜利的前夕，他很激动地设想，就在抗战胜利的那一天，他要计划过一天有意义的日子。有了这个想法，他变得充满了热情，尽情想象怎么度过那一天。抗战胜利了，那一天来临了。他按照预计忙这忙那，从早忙到晚，最后，到一天结束的时候，再回想这一天的生活，发现依然是过得平庸无奇的一天。先生说，束伯伯那时的小说非常耐人寻味，相比较而言他后来的杂文评论都不及过去。原来束伯伯在报社领导岗位，有些话是不能出格的，而先生此时已经在“台下”，他俩看问题的角度不一样。对于先生的这些意见，束伯伯可能看得出来，可是并不妨碍他们之间的友情。

无巧不成书。1990 年代中期，束伯伯要出一本杂文集——《一笑之余》，他嘱思再来请先生作序，不料先生看了样稿后，居然不置可否，就这样拖了将近一年。在这段时间里，思再曾经多次向先生提醒此事，然而先生就是不允，甚至对思再发火说:“你们怎么可以强迫我做我不想做的事情！我不愿做的事情随便谁出面也没用!”思再一筹莫展，为难极了，于是找我求助。

思再对我说："是老束在1987年把我带到了先生身边，说是先生从宣传部部长位子上下来之后很寂寞。因先生喜欢京剧，老束希望我去陪陪他。当时老束还说，如果我能够引起他对京剧理论的兴趣，那么对京剧的保护和振兴会有益。我是通过老束才认识了先生，如今老束托我这么点小事都办不好，可怎么交代呢？"原来，当年先生认识思再之后非常赏识，经常把他招来一起听戏、谈戏，还一起做了京剧理论研究方面的课题，影响很大。先生还曾主动为思再编的《余叔岩研究》写了序言。可是到介绍思再来到先生身边的束伯伯，他自己出文集时，反而要叫思再"曲线救国"来请先生作序，还被先生"推脱"，这样看来先生也太不近人情了。因此我答应思再去劝劝先生，寻适合的机会向他开口。

有一天，陪先生去南京路新华书店签名售书，同去签名售书的还有袁鹰先生，前来购书者排起了长龙，盛况空前，先生大悦。售书完毕我和先生欢欢喜喜由南京东路步行去福州路老半斋饭店吃午饭。一路上，我趁着先生心情愉悦就对他说："王伯伯，我觉得，你还是应该替束伯伯的新书写个序，因为你们是几十年的老兄弟了，你对束伯伯最理解，也最有感情，这是义不容辞的！"先生说："可是我不喜欢他的这些文章，你了解我这个人是不肯说违心的话的。"我对先生说："可是我早就听你说起，你是很喜欢他早年的作品，你还专门给我介绍过那些文章写得多么好，令我印象很深。""是的，他早年的小说写得非常好，我至今还这么认为，和现在这些文章不是一回事儿！"我央求先生："那么你就谈谈你们的青年时代，从早年的作品谈起，还是可以写一篇不违心的序啊！"这个话让先生听进去了，终于答应了我的请求，为束伯伯的杂文集《一笑之余》写了序言。可是他的序言并不是捧场文章，而是实事求是地说出了自己的真实想法。

序言开头，先生就介绍了早年读束伯伯文章所产生的好感。特别提到了在从事地下工作的余暇，束伯伯以越薪为笔名所写的中篇小说《投机家》，描写了"孤岛"时期金融界的各色人等，十分引人瞩目。王任叔曾特别写了评论加以推荐。另外就是短篇小说《节日》，发表于当时的《文坛》杂志。先生很喜欢这篇隽永而深刻的小说，至今还留下了深刻的印象。先生认为这是束伯伯文学创作中最好的一篇，而且也是胜利初期难得的佳作。

先生认为束伯伯对美国作家欧·亨利的短篇小说最为服膺。先生在序言中写道：

> 根据我的浅见，纫秋撰写短评时似乎也受到他（欧·亨利）的某些手法的影响。这从这本《一笑之余》即可见到。这些文章短小精干，生动泼辣，在读者中颇有些反响。前人有以文入诗，今人有以杂感入诗，而纫秋援亨利写小说之法以入文，这都显示了一种独创性。独创性本身就具有一定的文学意义。亨利在写短篇时是取各种复杂生活线索交叉在一起的焦点，故篇幅往往只有一二千字，笔墨虽省，而内涵极为富饶。这需要眼力，也需要机智。这种才能在短篇小说中比较容易发挥，在一篇专讲道理的短评中就比较困难了。

在序言里，先生还这样抱怨：

> 我觉得纫秋放弃写小说是一件憾事。当朋友们希望在《节

日》以后，看到纫秋更多的同类作品，正在翘首以待的时候，不知为什么，纫秋戛然中止，没有再继续写下去了。纫秋以后所写的几乎都是短评。也许这是由于他的工作需要和时间限定只得如此吧。但纫秋现已退下，有充裕的时间，可以优游适会从容命笔了。既然老朋友可以无话不说，我就利用为本书作序的机会，再次呼吁：希望老束贾余勇，再接再厉，继《节日》之余绪，写出更多更好的短篇来。

任务总算完成了，思再松了一口气。我自己也想，可以对束伯伯有交代了。但是对于这篇序，怎么看都像是在那里作批评。思再苦笑着对我说："哪里见过这样写序的?"但是束伯伯没埋怨，文集就带着先生这样的"微言大义"问世了。

先生通常很少去别人家登门造访，他更习惯于在自家的客厅里"守株待兔"。可是，当束伯伯新分到了房子，请先生去他的新居参观时，先生很高兴地带着张可阿姨一同赴约，到位于青松城附近的新居贺喜。在他们老兄弟健康状况尚好的日子里，他们共同的活动很多，过从甚密。后来先生罹患前列腺癌，经常到瑞金医院住院，而束伯伯也因病长期住在华东医院。不同的医院隔开了他们，他们不常见得到了，但还是经常通过思再，来传递他们老兄弟之间的思念和关心。逝水悠悠，岁月无情。2008 年先是先生走了，次年，束伯伯也走了。但是我相信，到了那个世界里，他们肯定还是好兄弟。

（首发于财新网，2019 年 11 月 1 日，原题为《王元化和老兄弟束纫秋》）

一封信缔结的终身友谊

——先生和我父亲蓝瑛

一封信，正是这封不寻常的信，使我的父亲蓝瑛和先生结下了终身如手足般的情谊。

1939年或1940年的某一天，先生接到时任中共上海地下党文化工作的领导人王任叔（巴人）先生的一封信。信中介绍了一位来自浙江奉化竺家村的青年竺宜俊（父亲的原名）和他在上海的地址；信中他还告诉先生，竺宜俊已经是一名中共地下党员，是可以信任的同志，请让他一起参加地下党文委组织的活动，并请先生对竺宜俊多加关心。拿着这封信，先生在陕西路长乐路弯弯曲曲弄堂里的一间拥挤小房间里，找到了竺宜俊——一个年方15岁的少年。

看着父亲，先生有点诧异，这个同志，他分明还只是一个孩子。

先生的手和父亲的手紧握在了一起，他们彼此很有好感，一见如故。

我父亲出生在上海，曾祖父早年在上海开着一家颇有声名的竺之记营造厂，父亲和他的5个哥哥都是在上海读的书。父亲小学毕业那一年，时值淞沪会战，为避战乱，奶奶把五伯父和父亲带回了奉化老家竺家村的祖宅竺冈武房。那是曾祖父用建造爱俪园（哈同花园）所得的钱为曾祖母建造的一座十分气派考究的大宅子，祖父母准备让父亲到奉化县城继续读书求学。

竺家村可不是一个安安宁宁的寻常小村落。在大革命期间，这一带的中共地下党斗争十分活跃，而竺家村是这十里八村的中共地

1990 年代初，先生和父亲在我家花园里

1990 年代初，先生与原地下党文委老兄弟，左起：蓝瑛、王元化、刘人寿、郑仲芳

下党支部所在地。父亲的族叔竺扬、竺一平是这个支部的领导人，竺扬还曾经参加过南昌起义。

叔叔们一眼就看上了这个从上海来的、有文化有教养的学生娃。他们借给父亲看激进的报纸杂志以及苏联的文学作品，还有《联共(布)党史》等。父亲仿佛一下子“开窍”了，他觉得他找到了心中的光明，从此树起了自己的信仰。于是经叔叔竺一平做介绍人，未满14岁的父亲在竺家村宣誓入党。本来按照规定，这个年龄应该先加入共青团，但那个阶段正好共青团解散了，组织上就让父亲直接加入共产党。在这样一个风云激荡的特殊时代里，父亲小小年纪就正式成为一名共产党员。

在组织的授意下，父亲跳级就读了奉化中学初二年级，在读书的同时，宣传开展抗日救亡活动。那时，他是该校唯一的一名中共地下党员，和他单线联系的是中共奉化县委秦加林先生。他在学校很活跃，甚至有位老师，实为国民党县党部的秘密成员也看中了父亲，并动员父亲加入国民党，被他借故推辞了。当然，他并不知道父亲的真实身份，父亲和这位老师其实已经分属两个阵营了。回想起来，那时的父亲很稚嫩，还处于不谙人世的年龄，他暗中动员了一批同学一起去投奔新四军。消息泄露后，爱才的校长给了他一个“严厉”的记过处分，并没有开除他。但父亲的身份因此暴露，家乡虽好终非久留之地了，就决定先撤回上海，伺机再投奔新四军去。

第一次与先生相见，这位兄长的热情亲切、博学多才和理论水平让父亲深为折服。先生鼓励他写作、读书，不少文章都是先生帮忙修改后再在上海的报纸杂志上发表。父亲曾对我说：“由于王伯伯的帮助，我真正跨进了学习革命理论以及从事理论写作的门槛。”后来先生也和我说:“那时候,我让你父亲写作时起一个笔名,他起了一个名字叫‘蓝瑛’。我想,怎么起这么个女人的名字?你父亲说,他是借用了明代画家蓝瑛的名字。”从此以后,竺宜俊淡出,而蓝瑛就成了我父亲的名字。那个时期,先生使用的名字是“洛蚀文”。他们频频往来,以至我的奶奶也用“洛蚀文”来称呼先生。

抗战初期上海地下党文委组织的活动很多。父亲还记得《译报》组织了一个“文艺通信站”,地点在陕西北路新闸路转角边的一所小学,一批年轻人一起读书、讨论、出版刊物,十分活跃,而先生就是他们的“头”。到了饭点,谁身上有铜板,就凑起来买烧饼充饥。由于先生和父亲当时都没有经济来源,而束伯伯当时已经在银行工作了,所以掏钱较多的经常是束伯伯。不过大家谁也不计较,有钱出钱,有力出力。

这批年轻人当时都不过 20 岁左右,但经过斗争的磨砺,几十年之后几乎都成了新中国文化领域里的骨干。先生常常带着父亲参加一些党内外专家关于理论、文艺、电影等方面的座谈会。在那些场合,父亲跟着先生认识了楼适夷、蒋天佐、林淡秋、满涛、锡金、毛羽等人,丰富了人脉,开阔了眼界,人也日渐成熟起来。父亲印象深刻的事还有,先生带他去看他们排演的话剧《家》《春》《秋》。也就是在那时候,他认得了先生的女朋友,美丽的张可阿姨。父亲说在戏里面,张可阿姨扮演的角色是“梅表姐”。

1941 年“皖南事变”前夕,父亲离开了上海,奔赴苏中新四军根据地,担任了报刊编辑工作。父亲说:“元化对我的培养帮助,是我能够掌握并运用理论和写作武器的重要基础。”

1941 年和 1942 年间,父亲分别回上海两次,每每他都即刻和先生联系相见。他们诉说别后的生活和工作，相互介绍自己在白区地下党或根据地新四军的斗争和生活状况，促膝谈心，情同手足。

但此后的分别，是很漫长的。

抗战，接着是内战。父亲身处战火纷飞的战场，先生仍然在白色恐怖中坚持地下斗争。整整有十几年，天翻地覆，父亲跟着部队打过了长江，遥望着远方的上海。可是他们不得而见。这两条轨道，始终难有重合的时候。

一直到了1953年的春天，父亲母亲才从部队转业来到了上海。终于可以和亲人相见了！母亲是一直在父亲口中听说，他这位元化大哥有多么高的理论水平，有多么的热情友善。于是父亲带着母亲前往武康路100弄，在这里见到了他们久违的元化大哥和嫂夫人张可。从此以后，父亲和他的老大哥在同一个城市比邻而居。当年的兄弟都已经成家立业，两家也是时相往来。不再有战乱让人们去相互厮杀，不再有饥饿贫困来困扰百姓。是的，人们都渴望着天下太平。这段时间里先生度过了几年轻快的时光。

但是，有炮火硝烟的战斗平息了，暗潮涌动的斗争随时随地还在作祟着。一个接着一个的"运动"在和平年代兴风作浪。

1955年春天开始"反胡风"运动，胡风等人被打成了"反党集团"，全国掀起一片声讨声，揭露、批判、清查"胡风反革命集团"的斗争愈演愈烈。先生曾经是和胡风有所往来的，但是他对胡风并没有太多的认同，所以他并不是胡风"圈子里的人"，只要先生承认"胡风是反革命"，他就可以撇清自己和"胡风集团"的干系。后来，先生甚至对我这样说过：如果让胡风坐在周扬的位置上，他整起人来一定比周扬还厉害。可是，这也并不能等同胡风就是"反革命"。先生不顾个人安危，他旗帜鲜明地表态：胡风是有错误，但他不是反革命。这样的表态，无疑是对“反胡风运动”的反叛，其下场可想而知，先生心里再明白不过。但是，先生坚持不违心，不说假话，结果就是落得被扣上“胡风分子”的大帽子，并被开除出党。那个年月，说真话真的是要付出巨大的代价的。

父亲母亲都同情先生，敬佩他对真实的坚守和处事的刚正不阿。但是，代价之惨重，顷刻之间，先生就成了“反革命”。但是父亲却说，先生是不怕自己会遭受种种可怕的遭遇，他始终能够保持高尚的品格。他熟悉先生，他了解先生，先生怎么可能是“胡风分子”呢？

父亲不顾忌旁人怎么看，我们两家人依旧时相往来，依然是朋友。记得有时候父亲母亲带着我们兄弟姐妹应邀去先生家吃饭，张可阿姨总是准备好一桌子的美味，把我们这些孩子当作个“人物”招待。还记得一次他们全家来我家做客，母亲特地从她工作的市北中学请来了手艺高超的厨师，也以一桌佳肴相待。我印象特别深刻的是，那次，张可阿姨专门带来给我们的礼物，是一个用玻璃纸包着的巧克力小黑人。在那个年代，这是“老大昌”橱窗里面陈列的耀眼展品，是“可远观而不可亵玩”的珍稀礼物。这可是要花掉张可阿姨不小的一笔钱啊！我们兄弟姐妹 5 张馋嘴，看着神抖抖的那个“小黑人”，没有谁忍心去吃了它。父亲还让我跟着张可阿姨学英语，去皋兰路先生的家里，每周一次。而每次除了读课文背单词以外，我永远不会遗漏的开心事，是张可阿姨必定会让保姆提着冰瓶去买简装冰砖。那时通常吃根棒冰就很不错了，有一块简装冰砖吃，是多么高的礼遇啊！

父亲总是跟我们说，先生是被冤屈的，他的问题总有一天要得到纠正。那时候父亲在市委宣传部做副部长，他说，“胡风专案组”组长张春桥认定先生态度恶劣，主张从严惩处。可是市委另外两位领导王一平和石西民不同意根据态度问题作为定性反革命的依据。父亲还跟我们说，周扬就表示过，王元化是党内少有的对马克思主义文艺理论取得很深造诣的学者之一。话外之音不言而喻。石西民更是对元化先生体现出特有的关切，他知道父亲和先生走动密切，就常常来打听：“元化先生最近研究一些什么问题？他的身体好吗？”父亲如实禀报，并更加坚信，他的老大哥的冤屈总有一天会得到昭雪。“文革”前的某一天，石西民对父亲说想见见先生，约定了时间，父亲把先生领到海格大楼，在石西民的办公室里，他们谈了很久。

可是到了 1966 年，又一轮风暴席卷而来。

“文革”中，父亲被揪斗，有一项重点批判的罪名是包庇“胡风分子”王元化。当然，先生的处境就更不用说了。残酷的斗争、无情的打击扑面而来。在干校一次批斗会上，先生心因性精神病发作，当众高呼：“我想翻案……”父亲也一次又一次地被揪斗，我们从原来的居所被“扫地出门”，一家 8 口人挤到两间小房间里捱日子。随后又是干校，“上山下乡”，每个家庭都分崩离析。那是怎样一段人人自危、人人自顾不暇的岁月！即便是在那些日子里，父亲心里仍然关心先生遭遇了什么。但是，他只能把惦念藏在心里，不再能够来往走动了，不能够把厄运带给他人。“走资派”和“胡风分子”的来往意味着什么？那时被叫作“反革命串联”。直到“文革”结束，先生的问题得到彻底平反，我们终于可以自由往来了！久违了的老兄弟又能够对坐畅谈了。先生的住房得到了改善，搬到了和我家比邻的淮海路吴兴路，我们成了“近邻”。

但张可阿姨突然中风了，经过几天几夜的抢救，虽然有所好转，但是她的语言和行动能力却都出现了障碍。这个因为靠着张可阿姨的照料，在政治劫难的阴影中仍然不失温馨的家，不可避免发生了倾斜，许多的家务琐事落在了先生身上。他自嘲："这简直是在赶着驴子当马骑。"在先生遇到难以对付的家务事时，父亲母亲总是义不容辞地出手相助。于是，我就被父亲母亲"派"到先生身旁，尽心照顾他们的生活，为他们分忧。母亲曾经对先生说："蓝云是我们的女儿，我们离不开她。但你是我们的老大哥，如今你有难处，我们愿意'割爱'，把我们的女儿分一半给你。"父亲则要我珍惜在先生身边的机会，多向先生学习。先生学问好，有思想，是不可多得的"良师"。

从宣传部部长岗位退下来后的几年，只要气候适宜，先生一早会沿着林荫道跑步，路过我家门口时，他会进来小坐，和父亲聊天。那时他的身体还健朗，思想活跃。他会告诉父亲他正在思考什么问题，或者对于有些问题的看法有了什么改变。他也关心父亲的所思所想，虽然父亲的思想显然有一点跟不上先生，但一点也不妨碍老哥俩在一起时滔滔不绝聊上半天。

先生曾经对我说："你的父亲谁都喜欢他，真诚、善良、随和，如果是太平盛世，你父亲的'官运'一定是很好的，我敢肯定。"我说："您的意思，父亲就是那种'驯服工具'？"先生不做正面回答，却给我说了一件往事。那是"文革"前夕他们的一次会面，先生问父亲："你心里认为我不承认胡风是反革命，是对的还是错的？说真心话，这里就我们俩。"先生说你父亲听了之后，就点上一根烟，狠狠地吸了一口，起身踱了几步，把烟头在烟灰缸里用力摁灭；再点上一支，又狠狠吸了一口……先生对我说："沉默中，我顿时理解了你父亲的看法，他的看法是不能够对我说出口来的。但是你父亲用他的行动已经向我说明了一切。把你送到我身边，什么事情都帮我做，他是和我站在一起的！我不该诘问你父亲这样一个真诚的好人。”父亲和先生性格迥异，但是刚柔相济、软硬互补，他们总能够殊途同归的。

先生对老弟弟的事总是格外关心。记得“文革”后落实政策，我家人口多，但三楼的房间始终没有归还。先生知道了，请领导给父亲彻底落实住房政策。在先生的敦促下，房间终于归还给我们家。还有一年父亲突发心梗住医院，先生除了让我不要管他，多花一些精力去照顾父亲，此外还要我每天告诉他父亲的病情。因为先生自己身体也不好，不能去探望，格外地焦急，遂请医院要给予父亲精心治疗。父亲 80 大寿那一天，我们家把寿宴放在先生所住的庆余别墅大厅，来的都是我们家的亲戚，先生理所当然也是其中一位。他一直在思忖，要送一个别具一格的礼物庆祝他老弟弟的 80 寿辰。送什么呢？他从自己的墙上取下一帧二玄社的恽南田《百花蛱蝶图》，用一条大红的宣纸写下了：祝贺老友蓝瑛八十寿诞。落款居然是：弟王元化。

先生处有什么聚会，必定要请上他的老弟弟“有福同享”。有一度先生喜欢请翁思再组织小型京剧“堂会”，父亲母亲也是先生名单里的首要嘉宾。先生的 80 岁生日，各方朋友为先生举办了好几场寿宴庆生，先生每一场都不会忘记请上我的父亲母亲。而有好几年除夕，先生一个人在上海过，吃年夜饭的时候，父母嘱咐我接来先生和他单身的老姐姐，老哥俩热热闹闹一起辞旧迎新。

这是苦尽甘来的日子，老兄弟得以惺惺相惜，时光静好。

但是，自然规律又是难以违背的，老兄弟，越来越老了的兄弟，一同走向风烛残年的老兄弟，他们都百病缠身，住进医院的时间多于待在家里的时间了。特别是先生的晚年，罹患了前列腺癌，然后出现肺转移、骨转移……各种治疗手段全用上了，仍然抵御不了病魔张牙舞爪的进攻。父亲母亲也老了，特别是父亲，他的心脏功能不全，也是少不得要人照顾。先生和父亲，是我心心念念最亲的两位老人。但是父亲决绝地要我照顾好他的老哥哥，他对我说："你不要担心我，我还有你妈妈。元化伯伯更加重要，他不能离开你。"于是，我在父亲母亲的支持下，每天清早跑先生所住的瑞金医院，带上先生能吃的东西，一天也不落，一直到他生命的最后……

先生离世前一周，父亲带着母亲去瑞金医院探望先生。那时，先生的精力已经耗尽，每吐一个字都非常吃力。但他还是紧紧拉着老弟弟的手，低声地对着父亲说："我们认识已经有70年了！"我想此刻，先生是否回忆起他和父亲的初识，他们的促膝长谈，他们经历的风风雨雨？抑或是使他们结下了70年手足之情的那一封信？

父亲这句话说很简单："我们认识已经70年了！"就是这句话，包含了难以言尽的情谊。想不到，也就是这句话，成为他们之间永别时的留言。

（首发于财新网，2020年1月9日，原题为《王元化和同志兼兄弟蓝瑛》）

不打不成交的林毓生

有两位“林先生”，他们是先生在美国的挚友，一位是哈佛燕京学社的高级研究员林同奇先生，另一位是威斯康星大学的思想史学者林毓生先生。相比之下，林毓生和先生的交情更深厚，用林先生的话说，他们是“一见如故”！这里我要谈的是先生和林毓生这位“林先生”的交往。

林毓生先生是中国台湾自由主义开山鼻祖，台湾大学哲学系教授殷海光的学生，还是英国著名经济学家和政治哲学家弗里德里希·奥古斯特·冯·哈耶克的关门弟子。他们初次相见是在出席1992年美国夏威夷东西方文化中心举办的“文化社会：20世纪中国的文化反思”国际研讨会上。在他们下榻的饭店，林先生去先生房间拜访，没想到两人竟然会一见如故。他们一谈就谈到了午夜时分，整整谈了4个多钟头。林先生说为什么如此有缘，就是一见之后，元化先生觉得我可以信任，我也觉得他可以信任。人和人之间的信任是很玄妙的东西，先于你头脑的分析，也许仅仅是对方的一个表情、一个动作，给你一个直觉，对方是哪一类人，可否信任，这就是人身上的一种气。先生身上“五四”以来爱国知识分子的气很重，林先生正是为先生身上的这股“气”所折服。

在先生的笔下是这样描绘他和林先生初次见面的：“他不是一个能言善辩的人，说话甚至时时会口吃。我逐渐了解到，他讲话的时候，对于遣字造句是非常顶真的。但这并不是为了语惊四座，扬才耀己，也不是为了刻意雕饰，炫人耳目。他是平实的。了解他的人可以懂得，这是由于长期从事理论工作所养成的习惯。加上他那毫不苟且的认真性格，使他在讲话的时候，唯恐词不达意，尽量想说得最准确、最完善，因此他无论在与人谈话或会上发言，有时会讲到一半突然而止，口中喃喃，似乎在与自己商量，斟酌如何表达。每逢出现了这种情况，会场总会有人发出笑声，但他全不在意，下次仍然一样。”（《记林毓生》）

先生说，他们在夏威夷初次见面的长谈中，林先生向他谈到台湾问题。林先生的谈话让先生感觉到，林先生不是关在书斋里啃书本的学究，而是一个关心世事和人类命运的知识分子。林先生作为一个自由主义者，绝不像某些人，抢旗帜、立山头、拉帮结派，在行为上与自由主义背道而驰。他把自由主义原则贯穿在自己的行动里，这是他值得尊敬处。

先生对林先生的好感也溢于言表。但是有意思的是在这“一见如故”之前，他们之间就有过一场热闹的“笔战”，真可谓是“不打不成交”。

那时候林先生带着关心中国问题的心情写了一本书，名为《中国意识的危机》，谈了“五四”时期整体性反传统主义。这篇文章于1986年被译成了中文后，在国内学界引起赞同和反对的两种声音。那时候，先生还属于后者，他在《人民日报》海外版发表了很长的一篇书评《论传统与反传统——为“五四”精神一辩》。林先生读了后写了一个非常厉害的反驳寄给《人民日报》海外版，但未被理睬。此事不了了之。之后，香港有报纸同时刊出这两方面的文章，形成了一场热闹的“笔战”。但是之后若干年里，先生在1990年代对“五四”精神进行了反思，他的观点彻底发生了转变。

夏威夷会议之后，在20多年中，他们之间通信、打电话，互动很频繁。几乎每年林先生都会带着夫人祖锦飞越太平洋，前来探望先生，每次都得到先生最盛情的接待。而林先生也为先生带来了国际上思想界、学术界的前沿研究信息。对于林先生的每一次到访，先生总是早早开始制订计划，住在哪里、安排什么活动、在哪里吃饭，由谁负责接待，真是滴水不漏。

我第一次面见这位与先生有“笔战”之交的学者林毓生之前，就不止一次听说过他们之间的故事，我理解先生对这位朋友超乎寻常的重视。先生除了对林先生有好感，还对他的夫人祖锦赞扬有加，说祖锦是一个温良贤淑、教养良好的女性，她悉心照顾着这位老学究，使林先生很安心地做自己的学问。先生欣赏这对琴瑟相合的夫妻，他说林先生真是很有福气。

在1990年代末的一个下午，先生那时住在衡山宾馆的工作室里，林先生和祖锦一起来国内开会，顺道来看望先生，这是我初次见到久闻大名的林先生夫妇。林先生个子偏高，白净的脸上戴着镜片厚厚的眼镜，笑容和蔼彬彬有礼。他的服装很休闲，但收拾得干净挺括，一眼就能够看出夫人对林先生的衣着打扮是很尽心的。林先生一口标准的北京话，可能是因为早年他曾在北京读过中学和小学，据说中学时和王蒙还是同班同学。祖锦小小的个子，大大的眼睛，皮肤微黑，说起话来轻声细语，很典型的台湾女人味道。他们也早已得知我一直在为先生工作，对我格外亲切。祖锦专门送了我一件她在台湾为我买的浅咖啡色丝绸唐装，非常漂亮而高雅。我回赠一对清代的苏绣挂饰，祖锦细细欣赏了很久。我和祖锦也互生好感，我们听着两位先生滔滔不绝地交流思想学术，我们也有自己的话题，各得其所，其乐融融。谈毕，我们4人下楼到新建的徐家汇公园散步。夕阳辉耀，清风送爽，满目绿荫，沿着蜿蜒曲折的林荫道，两位先生边走边谈，我和祖锦跟随在侧。就这样，我也和林先生夫妇结为好友。照例，散步后就是先生宴请，应邀而来的有朱维铮和严搏非、胡晓明、傅杰、许纪霖、孔令琴、王为松、翁思再、吴洪森等一批中青年学者。席间就一个主题进行交流，林先生谈兴很高，使国内学者受益匪浅。分手时，我和祖锦交换了电子邮箱地址，先生和林先生的书信来往由我协助完成。不料通了两封信后，我再发过去的信都会被退回，林先生说是可能因为他们学校对我的邮箱有所排斥，就请严搏非试试能不能联系，所以林先生和先生后来的联系都由严搏非负责了，林先生的书也交给严搏非来出版。

2004年，先生宴请林毓生夫妇，陈平原夫妇等作陪

1998年底，先生受台湾联合报系文化基金会邀请，赴台作为期两周的讲学、访学，又得林先生电话告知届时也将偕夫人祖锦出席此会，所以先生决定带着学生胡晓明一同前往赴会。二位先生下榻于同一饭店，他们已经有4年多未见面了，这回异地相逢，相见甚欢，先生说林先生依然“未见衰老，风采依旧”。11月21日《联合报》刊载了这次论坛的信息，大致内容为：联合报系文化基金会主办的“跨世纪文化反省及展望系列论坛”邀请大陆知名学者、华东师范大学教授王元化及“中研院”院士、美国威斯康星大学林毓生来台主讲、对谈。王元化及林毓生昨晚分别抵台。王元化以正直著名，坚持思想应该多元与自由，广受学界敬仰，林毓生对他也非常推崇。这次论坛的主题“百年来中国知识分子的思想特色”，即由林毓生和王元化共同研商后决定。因为这是他们两人长期思考的问题，也希望借由两位重量级学者的演讲及对话，呈现两岸学者对近代知识分子之角色及历史作用的不同反思，同时为下一世纪中国知识分子之角色及历史责任有所期许。在这次论坛上，先生演讲的题目是“知识分子要走的路还很长”，林先生讲的是“知识分子应发挥的社会力量”。《联合报·文化版》以头版发表了两位先生的谈话。记者介绍先生在大陆是“促进思想现代化的重要人物”，以及先生提出的“学术既需要思想提高，思想也需要学术来充实”。先生说这次演讲自己不如林先生讲得内容丰富、语言简练，自觉讲得“并不成功”。当晚，先生和林先生夫妇一同在餐厅吃火锅，相见甚欢。

先生最喜欢杭州。进入21世纪后，他是除了杭州，哪里也不去了。先生认为杭州的美无与伦比，而且在那里先生有一群艺术家朋友，他们总是尽心尽力为先生安排富有趣味的活动，使他心情愉悦。

先生对我说:“我希望在最美的季节,在最美的地方,和最知心的朋友——林先生夫妇相聚。我们把和林先生的会面安排在杭州,你看好吗?”我说:“那简单啊!找许江,我们一起去杭州!”此后,先生就托了中国美术学院院长许江,至少隔年一次,趁林先生夫妇在台湾时,顺便到杭州的中国美院讲学。

林先生夫妇来杭州总是在春末夏初时节。起先几年是住在南山路上南山校区的专家楼。演讲完毕,许江会邀请先生和林先生聚餐,作陪的往往还有舒传曦夫妇、王赞、刘正等年轻一辈的艺术家,他们借此机会聆听先生们的宏论。菜式总是很丰盛,带有江南风味的时鲜杭帮菜。林先生一副好胃口,总是边吃边不住地称赞:“好吃!好吃!”林先生的“好吃”又感染了先生,他对精心安排饭局的舒夫人唐玲大加赞赏。要知道,先生诸事都很挑剔,得到先生的赞赏可不是一件容易事!

林先生每来杭州,先生就早早和唐玲商量,如何给他最好的朋友带来惊喜。西湖山水是一幅天然的水墨画,所以先生喜欢住在柳浪闻莺或花港观鱼的附近,还住过西湖旁边的新新饭店,先生要让林先生感受一下“人在画中”。

记得一次刘庄小住时,早餐后,一群年轻学者簇拥着两位大学者,沿着云雾弥漫的湖边小径散步。近处是杨柳依依、碧草如茵,远眺是波光粼粼,宝石山上保俶塔兀立苍穹,湿润的空气中有青草和樟树的芬芳。挑一片临湖视野开阔的草坪,请服务生搬来户外使用的靠椅和茶桌,大家围着先生们坐定,边喝茶边观景,边听先生们论道。记得林先生给我们谈得最多的是“意图伦理”“责任伦理”“公民意识”,还有“法制”和“法治”的区别等。他的研究是很深刻的,但他面对我和这群艺术家朋友，只能用最简明易懂的言辞加以表述。先生和林先生往往棋逢对手，他们的对谈使我辈眼界大开。沐浴着湖面吹来的风，饱览了湖景，我们畅游在两位学界泰斗营造出来的学术世界中。

云栖竹径是元化先生最爱的一景，它在九溪十八涧的深处，先生说这是一定要带林先生去的地方。唐玲安排了车子，载先生和林先生夫妇去云栖。那里有很多参天的百年大树，还有漫山遍野的青翠竹林，山涧里清澈的流水潺潺流淌。这里地处偏远，游人罕至，却是一个幽雅宁静的所在。两位先生带着我们一群小辈，说说笑笑，拾级而上，直到山顶的茶室，一起喝当地出产的龙井茶。

在杭州的日子住得好、吃得好、玩得好、谈得好，两位先生过得很舒心。先生说："唐玲总是善于把生活安排得非常惬意。"我记得有一次林先生夫妇来，唐玲说要给祖锦一件礼物。她拿出一个用打湿的白纸巾包起来的一个小包，打开纸包，是一包刚刚绽开的白兰花，香气扑鼻。她告诉祖锦，这是她一清早从屋顶花园里一朵一朵选摘下来的新开的白兰花。她让祖锦放在房间里，房间就会变得香气四溢，她希望祖锦会喜欢。祖锦收到了意想不到的礼物，这不是用金钱可以买到的，带有无比深厚的情谊，祖锦何止是喜欢，也体会到一种友情带来的感动。

及至先生罹患癌症后，他不再能够去杭州了。林先生来上海就干脆住在先生居住的庆余别墅，希望能多多陪伴老友。林先生还带来了先生心仪的，哈佛大学费正清东亚研究中心教授本杰明·史华慈的遗作《中国与当今千禧年主义——太阳底下的一桩新鲜事》。史华慈以先知精神，怀着对人类文明的深刻隐忧，在临终前告诫世人，技术进步和各种新科学给人类带来的物质主义和消费主义，业已成为一种物质性的末世救赎论，而轴心文明时代积累下来的人文主义精神正在衰落。这一观点使得先生深受震撼。先生撰文指出："中国现在实在没有理由为西方消费主义、物质主义为内涵的普世理念蔓延感到兴奋！"(《关于〈中国与当今千禧年主义〉的几句话》)他在给林先生的信中说："以赛亚·伯林说20世纪是个很糟糕的世纪，但从目前的趋势来看，21世纪恐怕是个文化崩溃的世纪""每一想及此事，真是悲从中来，我已进入耄耋之年，一无所求，但是想到我们的后代，想到我们悠久的文化传统，倘听其毁于一旦，实在是于心难堪此劫""我对19世纪比对20世纪有更多的感情，直到今天，19世纪文学仍旧是我最喜爱的读物……我在精神上是19世纪之子，是喝着19世纪作家的奶长大的""我喜欢19世纪的文学处处渗透着人的感情，对人的命运的关心，对人的精神生活的注重，对人的美好感情的肯定"。19世纪浸润着深刻的人道主义精神的文学作品，塑造了先生一生的灵魂。林先生和先生在思想上有共鸣。

先生最后的日子里，适逢林先生到香港开会，他天天上午都会和先生通电话，也会谈论关于"王元化学馆"的规划。先生的癌细胞已经发生了脑转移，听力下降，只好由我接听了林先生的电话后，再贴着先生的耳朵逐句转达。2008年初，林先生和祖锦专门从香港赶到上海瑞金医院。病榻上，先生和林先生就中国近代史问题，分两个上午进行了对话。这时候，林先生仍旧谈得洋洋洒洒，而先生却只能是勉力而为了。他们的这次对话由严搏非请人整理了出来，先生趁着每日上午清醒时，审读了对话稿清样以供发表。这是先生在世时最后一篇文章。而对林先生和祖锦而言，这也是他们在先生生前的最后一次探访，这一见成了永诀。

后来林先生读了夏中义2014年写的《王元化与林毓生》一文，他对夏中义有这样的表述："你论述元化先生与我反思'五四'的那一篇，很有分量、很有内容，文笔也很生动。看了你的大作后，我才知道元化先生是在研究杜亚泉的过程中，开始理解我的分析，并受其影响。你的分析特别指出，由于其背景与发展的实际脉络，与我的思想背景发展的实际脉络相当不同（虽然有很多共同关怀）。所以，他在反思'五四'时，纵使受到我论述韦伯'意图伦理'与'责任伦理'的影响，但他对于我根据哈耶克先生以法治为基础的自由主义所进行的分析，则理解不深，也未受其影响。这一点是很准确的思想观察，我很欣赏。我也十分欣赏你文中说的许多论断，诸如：'林毓生将其负笈留美所习得的西学，压缩为25 000字，转述给了王元化。那是王元化从来不曾系统批阅过的一部西方近代政治学简史。看得出，此'简史'是林为其故国转型的潜在理论诉求而撰，故其编著的内涵皆能渗透到百年中国思潮的深处。"对于两位先生的交集，当事者或还未知为何如此惺惺相惜，局外人夏中义的分析却已鞭辟入里。

林先生是这样看待他和先生的友情的："我认为元化先生是我最好的朋友之一，元化先生也认为我是他最好的朋友之一。最好的朋友不是开玩笑的，一辈子只有几个。"

（首发于财新网，2019年11月18日，原题为《王元化和不打不成交的林毓生》）

“一面之交”无尽期

——记林同奇先生

这一位林先生，就是先生在美国的另一位至交，林同奇。虽说他们是至交，其实他们的交往极其有限，仅仅是“一面之交”。但是这心心相印的“一面之交”，一交就是一辈子。

他们相识于1992年，先生去美国参加哈佛大学“文化中国：诠释与传播”研讨会，林同奇先生则是哈佛燕京学社的高级研究员。他们同住在会议安排的小旅馆。早餐厅里，他们不经意地邂逅了。他们一边吃一边闲聊，共计谈了不过40分钟，谁知就这样结缘终生。这次见面，是他们第一次见面，竟也是最后一次见面。开完会后他们就各奔东西，18年间天各一方，再没有机会相见。但是他们保持着通信往来，也时常通越洋电话。先生每有新作问世，都会寄上一本，并在通电话时反复询问林先生是否收到。他们的联系不算太频繁，但是按林先生的话说，似乎“有某种思想心灵的神交跨越重洋”，永无尽期。

早些年，先生和林先生通电话，写信，都不需要我经手，只是听先生说起：“这位林先生的家族可是非常厉害，他们林家几代人在国内外很多领域都很有建树。”还说：“你看，林同奇、林同济、林同骥，用上海话叫起来分都分不清，但个个都是赫赫有名的人物！”先生告诉我，著名哲学家林同济就是林同奇先生的大哥，他20岁就自清华大学赴美留学，1934年获加州大学伯克利分校比较政治学博士。1948年回国，在上海创办了海光图书馆。1949年后在复旦大学讲授英国文学史、英美小说、英国戏剧、莎士比亚读评、翻译理论等课程。但在1958年被打成右派，在大百科全书中被定性为“反动廉价文人”，直到1978年才获得平反。但是好景不长，林同济先生在1980年赴美讲学期间心脏病突然发作而离世。林同奇先生的二哥林同骥是著名科学家、流体力学家，为中国的航天事业和海洋工程做出了贡献；堂兄弟林同骅是在美国第一个获得工程学院院士的华人；堂兄弟林同炎是美国著名的土木工程学家；堂叔林澍民曾获得美国哥伦比亚大学和明尼苏达大学建筑学学位，是著名的建筑师……林家的名人比比皆是。

2003年下半年，先生收到了林先生寄来的新著《林氏家风》一书。那时先生的眼疾已经很严重了，但是他对林先生的家世很有兴趣，于是让我读给他听，我也就对从未谋面的林先生的家族故事了然于心了。

林先生的父亲林斯璧24岁中举，职业是律师，还在东吴大学授课，在当时属于高收入阶层，月收入有600大洋。但是林同奇先生说当时没有感觉到家庭的富裕，原因一是父亲子女多，有11个子女，二是重教育，父母一直为孩子们选择最好的学校。这些学校都是南京有名的私立学校，如金陵中学、汇文中学、金陵大学，学费昂贵也不能阻止孩子们接受最好的教育。他们仍然信奉用“钱”来“武装子女”，不如用健康的身心来“武装子女”更为重要。

林先生家兄弟姐妹11人，教小学的老师就是祖父、父母和叔伯。林父教的课程是中国经典，包括“四书”、《左传》《礼记》和唐诗。其他现代课程如英语、数学和自然科学，由正在学校学过这些内容的哥哥姐姐来教。

至1940年代初，出于各种原因，林先生的曾祖和祖辈及林先生这一辈出现了一个向美国移民的浪潮，至今已有整整5代。而每一个在美国定居下来的林氏子女都有一段独特的故事。面对挑战，适应新环境的同时，他们以不同方式保持着带到新大陆的林氏家风。而第二代、第三代已经逐渐融入了美国的所谓主流社会，以林先生兄弟姐妹的子女为例，这批人共计 49 人，拥有博士或硕士学位者分别为 22 人与 18 人。和一般华裔子女一样，林家子女也有较强的寻根问祖的诉求。2002 年在美国圣地亚哥举行的林氏家族第 9 次聚会，与会者达 140 人，他们大多生长于美国，不谙中文，所以《林氏家风》原著为英文版，副标题为《中国士大夫传统现代转化一瞥》，原文由黄燕民女士译成中文。

富有讽刺意味的是，林先生此文资料的来源之一，居然是大哥林同济写于 1952 年“思想改造运动”期间的“自我批判”，林同济先生在复旦大学任教 38 年，与当时所有的教授们一样，他也要对自己的世界观包括政治思想进行尖锐的“自我批判”。林同奇先生说；“在读到这一页页自我批判的时候，我的心里充满了悲伤。”

这部书的开头是这样写的：我们的先人没有给我们留下任何财产，但他们确实给我们留下了比金钱所能购买的任何东西远为宝贵的遗产：读书受教的头脑，慈爱人类的心，和对祖国的爱。——摘自林澍民致 1978 年在美举行的林家聚会的贺信。

大约接连一周的时间，我很专注地为先生读完了林同奇先生的《林氏家风》，完全沉浸在林氏家族的今昔变迁中。先生的兴致很高，称赞“林氏家风”培养出了一代又一代有才华有风骨的知识分子。先生嘱我通过电子邮件，把他的评价转告林同奇先生，我开始和林先生建立了联系。

2003 年先生收到第 6 期《开放时代》，上面登载了林先生所著的

《误读与歧见之间》，他居然不顾自己眼睛有疾，一鼓作气读完了这篇文章。他说文章太精辟了，是近年来难得一见的好文章，令先生不能自已。这是一篇阐述史华慈思想的论文，因为史氏的文章号称难读，长期以来中国没有译本。后来史氏的《中国古代思想世界》和《严复》有了中文译本，但是先生对译者是否理解原著，能否译得准确是持怀疑态度的。而林同奇先生能如此深入、准确、细致地阐明史氏思想，一般人是做不到的。先生认为这是由于林先生本身的学识才能，加之亲炙史氏日久，对史氏为人治学极为熟悉的缘故。先生立即着我给林先生回信："从尊文前面阐释史氏的表述方法，可以看出这种表述方法是基于思维方式而来的。它不是单一的，而是多条线索交织在一起的；不是简单化的，而是错综复杂、头绪纷繁的。因此，这种隐奥的文笔反映了作者在思想上，是经历了沉潜往复、多面推敲、曲折进展的历程的。只有单线思维，不知怀疑、但求简明结论的人，永远不能理解史氏的表述方式以及体现这种表述方式的思维方式。"

先生还在这封复信中高度评价林先生对史华慈的研究："你的文章一上来就用'抽去思想保留句子形式'的方式，阐明史氏的隐奥文笔，把一个使人不容易明白的问题，阐述得多么好，多么灵巧，这只有像你这样经常接触史氏并对他有着深切了解的人，才能达到这样举重若轻的诠释。"先生还说："我们这里的一些理论家，只有一个黑白分明单线思考的头脑，所以永远也不能揭示问题的真相，写出具有思想深度的文章。我希望你这篇文章对我们的思想界可以形成一种启示，在一些论者身上发生有益的影响，如果大家认真地去读你的文章的话。"随后，先生把林先生的这篇文章复制了好几份，分发给周围的熟悉的中青年理论工作者，大力推广林先生的研究。

后来，先生给林先生的信函都是由他口授我来整理，再经我的电脑转发给大洋彼岸的林先生，因此我和林先生也成了朋友。一年又一年，虽然彼此不照面，但是并不妨碍心灵和情感的相通，我很荣幸地成为相隔万里的两位老朋友之间沟通心灵的桥梁。有一次，林先生对我说："蓝云，我和元化先生都老了，有许多身后的事情需要处理了，有一件事情我想托付给你。""什么事情？我一定尽力办好。"我说。林先生讲："我这里有一批元化先生写给我的信件，我想我还是把它们交给你来保管，我相信你会妥善处理它们。"他这么信任我，使我很感动："谢谢您，林先生。我一定好好保存这批信件，尽可能地让它们发挥作用。我将去波士顿拜访您，到您那儿取回元化先生的这批信件。"我和林先生约定。

2008 年初，先生的病情已经非常危重了，他在病中嘱我给林先生寄去了新出版的精装本《清园丛书》5 册(共 6 册，还剩一本《清园谈戏录》未出齐)。林先生读了这些文章，在电话中和先生交流了他的读后感，说自己是"先读为快"，然后再准备加以细读交流。这时候，我告诉了林先生，先生得的是前列腺癌，已经出现大面积的转移，正在住院。由于先生的听力也逐步在下降，电话里的声音往往听不清楚。于是，林先生决定抓紧时间和先生进行一场最后的笔谈。

林先生在 2007 年 3 月 22 日的来信中说起，自己细读了先生的《清园丛书》，有 5 条感想，第一，章学诚从人的性情入手提出"考据主于学"，需天生资质具备"三性"："记性""作性""悟性"，而甚幸先生是集"三性"于一身。第二，先生的文章无不发轫于民族的劫难和个人生活的遭遇，是"灵魂的拷打"与"心灵的解放"并存。第三，先生的学思都体现出熊十力先生的"沉潜往复、从容含玩"和"根柢无易其固，裁断必出于己”。第四,“反思”甚具特色。中国传统融汇了西方的求真精神。第五,多年以来林先生一直在研读史华慈著作,如今在研读先生的著作后,强烈地感受到:东哲西哲,心有灵犀一点通。

我贴近先生的耳朵,大声把林先生的感想读给先生听,先生听后大为感动。3 月 26 日,先生嘱我拿来纸笔,吃力地逐字逐句给林先生复信(详见《日记最后一年的元化先生》)。这是先生在人世间所写的最后一封信,此后,先生再没有给任何人写信了。

林先生在收到这最后的来信,于当天用英语复函电邮给我。到了 4 月 7 日,又得林先生一函。他说他和先生天涯若比邻。他会不断写信电邮给我,让我读给先生听,以消解先生病中的烦闷。他请先生不必亲自过目,也不必回信。

在人生最后的日子里,林先生的来信给了先生心灵的温暖和莫大的慰藉。在收到林先生这封信后仅一个月,先生就与世长辞了。他们从“一面之交”开始,心灵相契直到永远,也成为学界不多见的美谈。

2010 年,为了兑现我对林先生的承诺,我在赴美探望弟弟妹妹时,和妹妹蓝江约了先生的弟子吴琦幸 3 人结伴,分别从西雅图和洛杉矶去波士顿汇合,一起拜访林先生。我们在波士顿租了车,由琦幸驾车,到位于哈佛大学附近的 Reading 小镇林先生寓所拜访。为了不给老人增添麻烦,我们在途中买了肯德基做午餐。林先生的家在一片树丛深处,他早就在盼望着我们的到来。和曾经相隔千山万水的林先生电话、电邮来往这么多年,这才是第一次相见,大家的激动可想而知。

终于得见相识已久的林先生了,可是,先生却已经不在人世。

林先生小小的个子,显得很瘦弱无力的样子,讲话轻声慢气,文质彬彬。他谈了很多关于史华慈的研究，以及对史华慈认识的心路历程。当年他赴美访学，在费正清中心与史华慈常有接触，但是并不了解史氏的研究，更不了解他的思想价值。后来陪同刘梦溪采访了史华慈，他才开始意识到是美国学界不了解史华慈的价值。他们在讣告中称史华慈为“中国研究专家”，林先生说：“不对！史华慈是一位真正的思想家！”林先生还谈了关于先生著作的翻译，关于他自己的一些研究课题，等等。尽管他的谈吐慢条斯理，可是看得出他很激动。在美国做学者，特别是老了以后，是很寂寞的。我们的拜访，使他原本静悄悄的客厅响起了欢声笑语。不知不觉几个小时就过去了，我们一起共进午餐，吃了我们带去的肯德基。告别时，大家依依不舍，我们聚在林先生寓所门口合影，然后上车。但林先生一直站在门边目送我们，直到我们完全消失。

后来，我的一位从事经济工作的小友陈昕移民美国，他喜爱读书，对文史哲颇感兴趣，英语水平也一流。我把他介绍给了林先生，不想他们竟然成了忘年交，陈昕有空就去探望林先生。林先生希望陈昕为他作传，陈昕接受了，每周安排时间去林先生那里采访录音，林先生非常满意，认为陈昕的工作比文科学者的工作还要优质高效。很快，陈昕就完成了令林先生满意的传记。陈昕也很高兴，得以跨界结识这位学识渊博的睿智老人。可是，岁月无情，2014 年林先生走了，他悄悄地离开了这个世界。我希望在那个世界里，先生和林先生还会见面重续友情。

（首发于财新网，2019 年 11 月 26 日，原题为《“一面之交”林同奇》）

心灵相契的朱维铮

盛夏8月，热得满头冒汗的时候，一通电话更令我心神不宁。

电话是高建国给我打来的。他告诉我，朱维铮先生得了肺癌，已经开了刀，现在住在医院里。目前情况如何？不好说！现在需要注射一种自费的进口抗生素，大约是5 000元一支，一个疗程就是十几天。高建国说："我们一起去看看朱先生，好吗？""好，那就赶紧一起去医院吧！带一点钱去表示心意，虽然我们不那么有钱，但是总归是众人拾柴火焰高。"我和高建国商定，即刻就出发去看朱先生。

由上海的西区出发，到城东杨浦区的新华医院，我们匆匆忙忙赶到朱先生的病房。

朱先生靠在病床上，后背摇得高高的，正和一旁的夫人王医生（朱先生的夫人是复旦大学校医院医生，所以我们都随元化先生管朱夫人叫王医生）轻声说着些什么。看到我们来探视，刚开过刀没有几天的朱先生满脸惊喜，欠身和我们一一握手致谢。"朱先生，你吃苦了！希望你积极治疗，好好休养，早日痊愈。"我们说着这缺乏新意的安慰话，心中却真切希望朱先生再不要遭受这种病痛的煎熬。朱先生却安慰我们说："你们不要担心，我的手术很成功。这多亏了我夫人，因为她是医生，她在我体检的X光片子上发现了连医院都没有发现的可疑的肺部阴影，这样，尽早地采取了进一步检查和手术，使我排除了更大的隐患。"我想，朱先生真是多亏有王医生，莫不是老天爷有意给朱先生送来一位"保护神"。

我们的到来令朱先生有点兴奋，他坚持要下床挨着我们“排排坐”，和我们聊天。但他是刚开完刀，伤了元气的病人，我们忙劝他上床休息。看到他情况稳定，精神也不错，我们很觉欣慰。为了不要使他太累，我们稍作交谈就准备撤退。朱先生说：“稍等，我有礼物赠给你们，是我的新书，刚刚出版的《重读近代史》。书是才送到的，你们正巧赶上了。”朱先生请王医生拿来两本《重读近代史》，再有两本《走出中世纪二集》。他翻开扉页，一本一本为我们签了名。据我所知，这本《重读近代史》是这位当代历史学家的代表作，也是他此生的最后一本著作。而这一天也是我最后一次和朱先生相见。

在此之前，先生去世周年纪念日时，高建国曾做东，邀请先生近旁的弟子和青年朋友在庆余别墅聚会，高建国特地说他希望请朱维铮先生参加，不知朱先生是否愿意来。于是，我给朱先生打了电话发出邀请，朱先生很爽快地一口答应。那天的聚会，还是在那个隔三岔五先生就要召集亲朋好友聚谈的大餐厅，还是这十几个常和先生照面的老面孔，还是那样你一言他一语谈兴不减，依稀在重演先生尚在的那些时光。只是，先生已经永远不在我们中间了，为此，每位来者都不免心中黯然。餐桌正中那张先生专用的扶手椅上，入座者换成了朱先生，旁边是他夫人，我就坐在朱先生的另一边。那时候，朱先生还能够豪爽地随大家喝上几杯，谈古论今，和大家一起回忆和先生相处的那些往事。

席间，朱先生对我说：“上海电视台纪实频道，正播出一个‘大师’栏目，内容是介绍近100年来的100位够得上开风气之先的大师，要让观众读到原汁原味的大师思想精髓和人生精华。”他说：“纪实频道请我担任首席学术顾问。我以为元化先生作为思想文化领域的大师，是当之无愧的大师，所以我已经向他们推荐了元化先生。他们已经开始着手这个项目的工作了。”我请朱先生转告“大师”摄制组，杨澜工作室曾经有打算制作一部先生的纪录片，然后组建了一个小的摄制班，跟随先生至少一年有余。从先生的饮食起居，到读书写作、会见友人，乃至“组团”到杭州过 80 岁生日，他们摄录了大量的影像资料。这个摄制班的编导正是上海电视台纪实频道的编导王光健，但是后来竟搁浅了。朱先生说：“哦，不了了之了。但这些资料很珍贵，不知还能不能找得到，你把那位编导的名字写给我，我让他们去查一查。”

这是先生去世之后我见到的朱维铮先生。之后由于我父亲身体越来越差，我需花很大的精力照护父亲；朋友们也在各自的领域埋头忙碌，虽然也都“收成”不错，但先生离去了，那块吸引八方来客的“磁石”不复存在，朋友们也都失去了“向心力”。一别多年，直到朱先生做手术，我才再次见到了他。我为自己没有多费一点精力关心朱先生，为他多尽一点心，感到自责和内疚。

我频频进出先生家，当是从 1994 年秋天起。

那时先生常常以在我家附近的林荫道散步作为晨练，路过我家门口时，他会顺便进来小坐。这时，由于张可阿姨中风后遗症日益严重，家务琐事先生不得不亲自过问。他时时向我抱怨：“我这人性子急，不善于更不喜欢处理家务琐事，但琐事就是迎面而来，无处回避啊！”他还说：“年老真是乏善可陈，体质变弱，精力衰退，必须小心照顾自己，稍有不慎，即会引发旧疾，真叫人体会到什么叫力不从心啊。”我是先生和张可阿姨看着长大的，能够这样向我诉苦，他们是把我当作自己人。面对着先生的困难，我不能够只做一个旁观者，我有责任伸出我的手，我命定是先生和张可阿姨的帮手。

人来人往，门庭若市，访客们谁是谁，我并不太关心，虽然其中不乏名流大家，但是每当大老远从复旦大学赶来的朱维铮先生到来时，我必定起身迎接，为他挂起外衣，请他入座，再为他端上一杯好茶。朱先生是先生尤其看重的来客，他是不多的能得到先生赞赏为“大才子”的人。

朱先生毕业于复旦大学历史系，师从于著名历史学家陈守实先生和周予同先生，是中国经学史、中国思想文化史、中国学术史、中国史学史、中西文化交流史等领域的著名史学家，是继季羡林先生之后，第二个获得德国汉堡大学荣誉博士的中国人。朱先生是被学界公认的 1980 年代以来的中国文化史、思想史、学术史研究的开拓者之一，是海内外最有成就的经学史家之一，是史学界公认的国内文化史研究的奠基人。

初见朱先生，并不觉得他有什么特别。中等个头，不胖不瘦，常爱穿一件中长的藏青色风衣。但是他的目光有点犀利，一口有点山东口音的普通话抑扬顿挫，中气很足。接触久了，会感到他的“气场”很大，真有着那么点不同凡响的味道。

初次见面，先生郑重其事地向我介绍他：“这位是复旦大学历史系的朱维铮先生。朱先生是治史的，他的清史研究堪称一流，他还是经学史研究首屈一指的专家。在他这辈史学家中，成就不大有超得过他的。总之，他的学问大着呢！”介绍过了朱先生，先生又指着我向朱先生介绍：“这是经常来帮助我做事的蓝云，她是蓝瑛同志的大女儿。她从小就常来我家，跟着张可学英语，就跟我们自己的孩子一样。”朱先生“噢”了一声，有点喜出望外地看着我说：“你是蓝瑛同志的女儿啊，我很早就认识你的爸爸了！我毕业以后，大约是1963年被调到了丁香花园里的‘学术反修’写作班。那时候，你爸爸是分管我们的市委宣传部副部长，是我的直接领导，我早就是你爸爸的部下。那时候，我还不认识元化先生呢！”朱先生一点都不忌讳他曾经在“写作班”写御用文章的历史，还说他们都喜欢我的爸爸，因为爸爸是一个很随和的领导。先生的介绍让我和朱先生猛然间拉近了距离，每次见到朱先生就多了一份亲近。

可是先生的学生们却这样议论这位“大才子”朱先生，说他学问好是不假，但是他的桀骜不驯也是名声远扬的。在复旦大学，他可是有着“毒眼看世界，辣手做文章”的英名，甚至说他的学生几乎都挨过他的“骂”，可是他却说自己从来没有错“骂”过谁。他的论调是：我从不认为名师能出高徒，倒是严师，说不定能出几个高徒！好一位严厉的老师。还好，我没有资格去体验做朱先生在“骂”声中成长的学生的滋味！可是，在先生的客厅里，他还是和蔼可亲地谈天说地，辣手毒眼都不见踪影。有一次钱文忠请客，是学生辈年轻人聚会，先生说要把朱先生请来。我说：“大老远的，朱先生愿意来吗？”先生说：“朱先生的确是出了名的傲气，架子大得很，一般人他是不屑搭理的。只有我这里，一叫他准到！”没错，一经先生邀请，他立马横穿上海，赶来参加年轻人的饭局，和大家一起说说笑笑。

在那次饭局上，我也是坐在朱先生旁边。我问起：“朱先生，你是怎么认识元化先生的呢？”朱先生告诉我：“是在我的老师周予同先生家。那时候周予同先生瘫痪在床，眼睛也已经看不见了，但是头脑还是非常清楚的。他的有些课题和编到一半的书无法继续，于是由我帮助他一起完成。有一天，我照例去周先生家，见到有一对

先生与朱维铮先生

先生与朱维铮先生在交谈

50岁左右的夫妇，也在探视周先生。周先生向我介绍这位先生叫王元化，边上的那位是他的夫人张可。所以，元化先生是周予同先生介绍给我的。”

朱先生还告诉我：“其实‘王元化’的名字，早在我见到他本人前，在‘反胡风运动’期间，我就听说了他的大名。”朱先生说，那时他特地从学校图书馆找到了署名方典——元化先生的《向着真实》，当时这是一本“禁书”，躲在图书馆的一个角落，他居然一夜读完。《向着真实》的内容是关于鲁迅和“别车杜”（俄罗斯文学评论家别林斯基、车尔尼雪夫斯基、杜勃留波夫），看得出先生年轻时受俄国革命时期文艺理论的影响比较大。但是，里面确实没有找到什么可以作为罪证的东西。当时，朱先生不敢告诉别人自己偷偷读“胡风分子”的书，但是，《向着真实》以及这个方典，对他影响很大，他认为这是每一个知识分子应有的追求。

朱先生说，在周予同先生家偶遇先生后，他们就成了“忘年交”。每有机会进市区，总要顺便探望一下先生。他说：“我们可以上天入地地谈，谈的问题不外乎是学术界和文艺界的问题，或者是我熟悉的历史。”

朱先生还说起，自先生当了宣传部部长之后，他家原本冷清的客厅一下子变得门庭若市。于是，朱先生就不再登先生的门了。当先生问他：“你为什么不来我家了？”朱先生答：“我这个人生平怕官。”先生则说：“我算什么官，做事而已！”但是先生的这个官仅仅才当了3年，然后就“下台”了。听说先生不当部长了，朱先生立即兴冲冲地去看先生。他们又开始海阔天空地谈学论道，好像期间什么也没有发生过。

有一次，先生突然问朱先生："你看我这3年做得怎么样？"朱先生一愣，然后实话实说："就我看来，你做了3年部长，但是一件事也没有做成。一上台就碰到'清除精神污染'，你自己又写了那么一篇文章，结果就成了'清污'的对象，差点成为'反面教材'。"先生听了不作声，有些难过的样子。朱先生看了连忙补充了一句："有一件事你没有做，就是'整知识分子'，这是一种功德。"

1993年初，先生的瑞典朋友罗多弼代表瑞典皇家文学院，请他参加斯德哥尔摩大学举行的"当代中国人心目中的国家、社会、个人"研讨会。先生特地向罗多弼推荐了朱维铮先生，罗多弼听从先生的建议，向朱先生也发出了邀请。6月初，他们结伴一起去斯德哥尔摩赴会。他们一起下榻在一家名气颇响的饭店——萨尔舍巴登，罗多弼告诉他们，当年康有为流亡到瑞典时也曾下榻这家饭店。

会议邀请的人不多，除了先生、朱先生、孙长江先生，还有余英时、林毓生、张灏、李欧梵、杜维明、陈方正、苏绍智、刘再复等，都是世界一流的学者。这是一个先生和朱先生谈得最畅快的会。先生每天拽着朱先生沿着湖岸散步，那里清洁无尘、人烟稀少，环境十分幽静。他们一谈就是一两个小时，各自的经历，对各种问题的看法，两人滔滔不绝，成就了他们交往经历中非常美好的一段回忆。

大约在1994年初，先生计划筹办一个集学术与思想性统一的刊物——《学术集林》。他与朱先生频频书信交换意见，或是电话商谈。朱先生的建议对这个高学术层次的刊物《学术集林》，发挥了难以替代的作用。朱先生帮着策划、组稿、撰稿，先生认为，朱先生文很好。有许多稿件或性质不合，或质量不高，均拟退回。他们坚持严格把关，傅杰和胡晓明也积极协助，做了许多工作。这一年的10月19

日,《学术集林》终于面世了,由远东出版社举行了首发仪式。刊印这样一套文丛一直是先生多年的愿望。这一天,先生如愿以偿了。

先生爱读朱先生的文章,并从中受到某些启示。例如朱先生校注的《梁启超论清学史二种》,他专心致志地捧读了好几个星期。朱先生的《〈訄书〉发微》,他也读得津津有味,并记下"文中称太炎办《国粹学报》乃效法文艺复兴。又称清人考据具有以史治学的眼光,可破经书神秘或神圣之见"。1995 年先生从朱先生赠他的新书中,又读到有关朱一新的内容有感:"朱是张之洞创办的广雅书院山长,著有《无邪堂答问》。解放前我在北平教书时,曾在琉璃厂购得一本,为广雅书院刊行的线装本五册一函。解放后此书一直未铅排印行。公严夫子曾以第一名考取广雅书院,为朱先生高足。《答问》有整一卷是答公严夫子的。"先生专门找出了家藏的《无邪堂答问》中朱一新山长答汪公严夫子的那一本,放在自己身边,随时翻阅,还用毛笔摘录书就其中他感兴趣的片段。

先生曾说,中国的知识分子往往不能够建立起一种合理的正常关系。他们不是像刺猬或豪猪(为了避免伤害,你不碰我,我也不碰你),就是像豺狼(一旦碰在一起,就眼睛发红,露出了牙齿)。在学术观点上,先生和朱先生二位却体现出一种"和而不同"。比如对先生的《杜亚泉和东西方论战》,朱先生不仅明确指出其中史料方面有误,而且表示他们俩的观点是相左的。先生也知道朱先生早就著文批评杜亚泉,而朱先生也有数,先生晚年曾经撰文,是非常赞佩杜亚泉的。但是他们相互尊重彼此不相同的声音。

在很多事情上,两位先生是惺惺相惜,心灵相契的。

有一度,先生犯愁,为的是钱文忠。钱文忠曾一度丢了工作。一个曾经的高考状元，仅有的几个懂梵文的人之一，还是季羡林先生的关门弟子，看着他丢了学业混迹江湖，先生真是感到心疼。他四处求告，希望有人爱惜人才，给文忠一个继续做学问的机会。来探望先生的领导，他都会一一拜托解决文忠工作的事。我很感动，我从没有见到先生为自己的儿子这么上过心。想必是朱先生也为先生的爱才之心所打动，这样，文忠终于被调入了复旦大学历史系，是朱先生把文忠揽到了他的麾下，了却了挂在先生心头的这桩事。但愿文忠不会忘记，两位先生对他的殷切期望和重托，期望他能在学术上结出硕果来。

上海图书馆新馆建成后，先生牵头组建了“上海市海峡两岸文化交流促进会”，挂靠在上海图书馆。先生担任会长，朱先生则是常务理事，除了经常组织大陆与港澳台的学术文化交流以外，每当有欧美的一些学者路过上海，“上海海峡两岸文化交流促进会”还请他们座谈或者举办演讲，组织的活动非常丰富。2000 年，为纪念“戊戌变法”一百周年，朱先生和龙应台合作编著了《维新旧梦录》。我记得有一次我从先生居住的衡山宾馆回家，林荫道上路灯已经亮了。我看见马路对面，朱先生和一位身着白色衣裙的女士有说有笑地漫步在树影婆娑的林荫道上，仔细辨认后，那位女士正是龙应台。可想而知，他们的合作很愉快。我没有上前和他们打招呼，不忍去打扰。那几年，大多数的场合下，先生那里总是人来人往，两位先生要想安安静静地说说话，机会好像都很难得找到了。

时光荏苒，耄耋之年的先生多病，这些热闹的聚会渐渐减少，朱先生来访也不那么频繁了。但是每有新著问世，他们必定即时互赠，通过电话交流心得体会。我想在两位先生的心里，彼此的地位是不可替代的。先生最后把《学术集林》移交复旦大学朱先生和章培恒先生，再和香港《九州学刊》合刊成为《九州学林》，由香港城市大学中国文化中心合作，上海人民出版社出版。我的感觉，先生像是在“托孤”，朱先生、章先生正是他所托之人。

先生去世的时候，朱先生刚从江西回来。他听说先生身体情况不好，正准备从江西回来以后去医院探视。不料一早翻开当天的报纸，一条讣告赫然在目，先生已经在昨天——2008 年的 5 月 9 日，与世长辞了，错失了见先生最后一面的机会！那一整天，朱先生什么事都做不成，直到夜晚方才缓过气来，提笔写下了他对先生的纪念文章——《元化先生二三事》。

以朱先生的话说：有两位老师对我影响极大，一位是陈守实先生，是他逼着我学习理论；第二位导师是周予同先生，是他拽着我去做《中国历史文选》的助手，使我能够在几年间熟悉了乾嘉学派以来的音韵、训诂、考证、辨伪的基本功，学会怎么样为古书作注释，怎么样写提要，等等。遇到这两位老师，我很幸运。另外，元化先生是我的又一个难得的老师，我们两个人也可以说是忘年交。但是我不敢谬托是知己，因为自称是他的“知己”的人，多的是。

如今，他们都走了。在那里，他们可以成为真正的知己，可以去无边无际地畅谈学术和人生了，再没有什么能打搅他们。

（原刊于《世纪》2020 年第 1 期，原题为《与元化先生心灵相契的朱维铮》）

无话不谈的李子云

先生和子云姐仿佛总有说不完的话。子云姐关心先生，正先生清白，为先生喊冤，但她也是一个少见的会对先生说“不”的人。

李子云，上海著名的文学评论家、作家，还是夏衍先生曾经的秘书。1990 年代初，我在先生的客厅见到她时，她是筹备中的上海文学发展基金会的常务副会长，一个顶着诸多桂冠的女性。而先生和巴金、于伶都是这个基金会的会长。她个子不高，略微显胖，但衣着打扮考究入时，白皙光洁的脸庞上戴着一副金丝边眼镜，一双笑眼小小的，但目光清亮仿佛能洞穿一切。

她让我叫她“子云姐”，虽然她年长我 20 岁，但是她说她希望是我的大姐姐，这么称呼她她听着亲切，而且使她显得年轻。先生也对我说，李子云是比较挑剔的人，可是她对你的印象特别好呢！友情总是相互的，我和她也有那么点儿“心有灵犀”。就这样，在先生的身旁，我多了一位贴心的大姐姐。

如果先生靠在床上，没完没了地煲起了“电话粥”，那么不是中国美术学院画家舒传曦的夫人唐玲，一定就是子云姐了。子云姐和唐玲是两个和先生通话时间最长的人。

先生和子云姐总有仿佛永远说不完的话。谁来拜访过了，讨论了什么问题；生活里发生了什么，保姆做得是不是称心；和谁不高兴了，心里有什么懊恼等，先生都会一一向子云姐倾诉。而先生也从子云姐那里知道了，文坛最近发生了什么人事变动和热闹事情；哪位作家发表了什么奇谈怪论；国内外的哪些著名作家来访过，是如何接待的，等等，这使先生足不出户，也能对文坛动向却了如指掌。子云姐和先生的电话一接通，就有这么多的话可说，有时候连张可阿姨都很不理解。我明白，在他们通话的时候别去打搅，先生那样的专注，是绝不愿意受到干扰的。我对先生说，你和子云姐有这么多说不完的知心话，她真是你的知己啊。先生却说，我从来就不大喜欢福建人，他们太精明，但李子云却是个福建人。先生嘴上从来倒也不承认和无话不谈的子云姐是“知己”。

先生和子云姐认识于1950年代初，那会儿子云姐是华东局宣传部部长夏衍的秘书，先生由宣传部文艺处长调任新文艺出版社总编

2002年，和先生、李子云同摄于庆余别墅

2007 年，李子云、俞慰慈探望病中的先生

辑，他们在夏衍主持的会议上常常见面。后来上海市委成立了文艺工作委员会，先生担任了文学处处长，直到被卷入“胡风案”遭受审查。子云姐总告诉我说那时候的先生“恃才而骄，颇为自负，不苟言笑，发言带着不容置疑的口气”，说他“‘很凶’还不传神，要用俗话说‘很飚’才行”！我理解也许作为年轻理论家的先生有点傲气，让子云姐感觉不太容易接近。我问先生是不是有这样的事，先生却又是一番说法：“那时候她是为夏衍工作的，她的眼睛长得多高啊，她的眼里哪里会有我们？”因此我估计他们相识之初，因为都是年轻人，心存着一种特有的“傲慢与偏见”。后来先生因“胡风案”蒙难，在高压下仍然坚决不承认“胡风是反革命”，那种为了坚持真理而不惧个人安危的品格，让子云姐心生敬意。从此在子云姐力所能及的范围里，她开始有意识地关注这位宁为玉碎不为瓦全、冒着危险也要真实表达自

己思想的、有着诗人气质的青年学者。

“文革”开始，他们都进了“牛棚”。先生是算过旧账的“死老虎”，如果老实服罪就可以不受追究。1970年张春桥要在上海进行一次深挖“黑线人物”运动，拟将子云姐“挖”出来批斗，子云姐也从造反派内部得知，自己将在某日早上“天天读”时被揪出。但那一天，造反派领导在“天天读”结尾时做“杀一儆百”的总结发言：“我警告你们牛鬼蛇神，不要翘尾巴，翘尾巴是没有好下场的！”话音未落，只见先生站了起来说：“报告，我不但有翘尾巴思想，我还想翻案。”一下子全场鸦雀无声。子云姐顿觉浑身冷汗淋淋，定定地看着先生，真想对他大叫：他们是要揪我，有你什么事儿呢！而先生对一切视若无睹，继续说：“把我定为反革命分子，我一直想不通，不服，我一直等着翻案的机会。这几年我埋头研究莎士比亚，我又担心我对李尔王、奥赛罗、麦克白斯的分析是自己不满情绪的流露。”这时会场响起一片痛击翻案风，打倒反革命分子王元化等的口号声。先生这是自投罗网，审问、抄家重新来过，“死老虎”变成了“活老虎”，本来针对子云姐的批斗转向了先生。先生居然将他十几年的“翻案”过程、苦闷情绪尽情宣泄了出来，使所有人目瞪口呆。有一天下午，先生突然出走了，说是准备回家去取《莎士比亚全集》，某些造反派极端分子正好想借机扩大事态。幸亏当时未进“牛棚”的茹志鹃挺身而出，说了公道话，说先生在“胡风案”发生期间曾患过精神病，要求造反派先把先生送到精神病医院去做检查，根据检查结果再行惩处。到医院后，先生又碰巧遇到了一位有良知的医生，他给先生下了“心因性精神病”的诊断，才使先生躲过这一劫。子云姐说谢天谢地，先生得以回家养病，他们提着的心终于放下了。这也是子云姐和先生患难与共的经历。后来随着接触增多，岁月使他们彼此增进了了解和情谊。

为了筹备上海文化发展基金会，子云姐和先生的往来频繁起来，同来参加讨论的还有作协的赵长天和徐钤。先生年长，出于尊敬总是他们上门，到先生的客厅里来商谈。先生认为这是一件对上海文化发展有益的好事，所以一开始就很是起劲。1990 年初，子云姐把基金会的章程草案交先生审定，先生还专门请赵朴初为基金会题写了会名。几天后子云姐又通过电话听取了先生对基金会工作的意见，先生郑重其事提出 3 条：一、在基金募集上不要做恶丐强讨；二、在基金使用上不要做“锦上添花”（为已有社会地位的作者补贴、出书、颁奖之类），而要“雪中送炭”（为有成绩而出书难的青年作者出书，赠送老、病、贫的作者一些医疗补贴等）；三、不要好大喜功，要做切实可行的工作。在日后基金会的工作中，子云姐听取并贯彻了先生的这 3 点意见。记得子云姐他们说服了江南造船厂等一批大企业给予基金会资助，每年都会投入有关专题的文化建设基金，对老、病、贫作家进行补助，基金会工作开展得卓有成就。

如果不谈工作，子云姐也爱和我攀谈。她是一个热爱生活的人，我们自然很有共同语言。

她告诉我她的父亲是个医生，而自己在读大学期间就参加革命并且入了党。她是单身，没有儿女，是一个非常自立自强的女性。因为替夏衍先生当秘书，夏老见她有很好的文学禀赋，就鼓励她结合工作，努力读书写作，子云姐也写出了大量的文学评论、散文随笔，从而成为著名的文学评论家。

子云姐一个人生活，先生对她格外关心。有时朋友送给先生的食物，先生就叫我送上一份给子云姐共享。有什么养生的方法和诀窍，他们也会及时通话交流。当子云姐由于缺氧向先生咨询家用氧气机的情况时，先生立即嘱咐我托朋友买了一台送给子云姐。记得先生住在衡山宾馆时，有一次子云姐来时赶上饭点，适逢下班高峰叫不到出租车，于是先生就说："你就别去挤车了，我们 3 人干脆下楼到毕卡第西餐厅，我请客。"先生点了奶油起司焗面，大家一起"开洋荤"。此事被先生记进了《九十年代日记》。先生住到庆余别墅之后，每逢冬季，先生会对子云姐说："子云啊，这个天家里太冷了，我这里暖和，不如开个半天房间，你来这里洗个澡吧，花不了几个钱，人就不受罪了！我来替你出钱。"他建议子云姐到庆余别墅洗澡，以免家里太冷冻出病来。子云姐采纳了先生的建议，但是谢绝了由先生付钱的好意。子云姐是很重视生活品质，用钱从不吝啬的。去庆余别墅洗澡，子云姐一定会叫上我一起，泡一个热水澡后，我们就捂着被子在柔软的床上，说说悄悄话，她也会特别嘱咐我一些事情，尤其是关于先生的，要我加以小心。

记得有一次，子云姐对我说了这样一件事。先生平反后，他们曾经一起参加全国文代会。其间，一位女作家到先生的房间来拜访，她看见先生的一件毛线外套很大气，往身上一套说："我穿这件外套太合适了！那我就不客气穿走啦！"先生以为她在开玩笑，就说："好啊。"谁知她还真的就穿走了。先生尴尬极了，这件外套是先生的儿子从国外特意买给他的妈妈张可阿姨的，先生出差临时套了去，没有想到就此一去不返了。我知道张可阿姨为此会十分不愉快，但先生对这个误会在张可阿姨和儿子面前有口难辩。子云姐说："当时我就在场，我作证，先生是无辜的。某某就是那种没皮没脸的人，就她做得出来，碰到她，先生只好自认倒霉！"子云姐为先生喊冤。

还记得一件事情。先生每有工资稿费结余，总是咨询子云姐如何理财。他总是抱怨，物价上涨这么快，银行的利息这么低，我抠抠缩缩就攒这么一点钱，在银行里越存越少，还要付什么利息税，我的钱不想存在银行里，可是该怎么办呢？子云姐给先生介绍了一位可靠的朋友理财，每年可以拿到的利息比银行高一些，先生很开心。可是有一天子云姐急匆匆给我来电说："麻烦了，先生说有 10 万元要存，让人去取。可是取款时朋友拿走一包钱没有当面清点，回去一看只有 9.5 万元，朋友打电话给先生，先生很光火，说明明是 10 万，怎么到你们那儿就少了 5 000？看到先生发火，理财的朋友就和我说，要不由他私人来补上这缺少的 5 000 元吧。我说：'那怎么可以呢？'"我告诉子云姐："你别急，我也不信有人会多要先生的钱，我来想想问题出在哪儿。"我回想起先生有一笔稿费，出版社给的一沓是 50 元票面的，这是和 100 元长一样的一沓，先生那天还和我抱怨过。我一面告诉子云姐是先生误把这 50 元票面的一沓也算在 100 元中了，一面赶去向先生提醒那 50 元一沓的稿费，先生恍然大悟，自己补上了缺额。子云姐如释重负谢我为她解了围。这不仅是钱的问题，更重要的是我不能使子云姐和先生之间相互的信任蒙尘。

子云姐还是一个少见的会对先生说"不"的人。对什么人的看法不正确，对什么问题的指责太过头，什么事情做得不近人情了，子云姐都会对先生直言相告，绝不吞吞吐吐。而我也是个经常憋不住会对先生提出不同意见的人。"现在先生的周围一片附和声，看来，会对先生提出不同意见的人，只有我们两个。"我和子云姐会心一笑。当然，有不赞同的意见并不代表我们不把先生当作一个了不起的智者。

一度，先生很希望子云姐为他写传记，他准备了自己多年积累的材料，希望子云姐能接受下来。我说："很好啊！子云姐，你了解他，热爱他，但是并不迷信他，你来写先生的传记再合适不过了！"我想先生一直在寻觅合适的人为自己写传记，子云姐是有功力的。但子云姐推辞了。她认为自己谈文学能够驾驭，但先生的学术思想是她够不着的。她希望先生另寻高明，她觉得那应该是一部分量沉甸甸的传记。但是，直到先生辞世，他也没有等到自己的传记问世。

2008 年 5 月，先生逝世，我随即去美国调整心情，一去就是半年。在美国阿拉巴马州过圣诞节，我给子云姐寄了贺卡，地址因我只记得在淮海西路，但不知几弄几号，所以我寄到了上海市作家协会，请他们代为转交。她居然收到了，还给我回了贺卡。回国后，父亲身体不好，家中诸事繁杂，因此仅去了子云姐家一次。我们照例在她房间的大玻璃门前，在那张几代人用过的红木方桌旁，慢慢地喝她的福建乌龙茶，我谈我去美国的经历和先生走后一些朋友们的情况。辞别回家后不久，就传来子云姐因肺炎去世的噩耗！令人倍感意外和悲痛！先生离开不过一年，子云姐竟然也匆匆而去了！

（首发于财新网，2019 年 10 月 9 日，原题为《王元化和无话不谈的李子云》）

默默奉献的吴曼青

出现在先生家客厅的，多的是赫赫有名的人物，他们兴奋地论学谈道、高谈阔论。但是，有一位不起眼的来客，却也经常光顾这个客厅。她矮矮的个子，衣着朴素，说话轻声慢气，经常挑一个不引人注目的位子悄悄落座。在众多来访者中，她是上门频率最高的人之一，因为她是先生的秘书吴曼青。当时，她是上海古籍出版社已退休的办公室主任，经先生所领导的古籍整理领导小组安排，她担任了先生的秘书，所以三天两头的，她要到先生家里来“上班”。

先生和我说起，自己从来不主动挑工作人员，组织上派谁，他就用谁。原来派给先生的秘书叫赵清行，和先生配合得非常好，先生说他是很喜欢清行的，但不知为什么突然就换了，也没来问问先生的意见。怎么办呢？也只好由着他们了。先生虽然没有明说，但意思里，曼青是他不得已而被动接受的一个秘书。

1995年，由于张可阿姨身体日见羸弱，我必须随时随地听从召唤，到先生家里，处理一堆令他手足无措的麻烦事儿。先生视我同自己的孩子，我也把先生和张可阿姨当作父母看待，他们的事也就成了我的事。在先生那里，就像是在自己家。来先生家的访客朋友，自然也成了我的朋友，我和曼青就这样结识了。

曼青上门，总是拎着一只和她的个头相比，显然太大的马甲袋，里面塞了文稿、信件、书籍等，简直是个沉甸甸的“百宝袋”。天气晴好的日子，她从她居住的绍兴路挤公交车过来，下车后还要步行相当于3站公交车的路。她居然就这么驾轻就熟地提着大包,来到了先生的客厅。严冬酷暑或刮风下雨,她依旧是顶风冒雨、负重前来。连先生都感动了:“曼青,这么糟糕的天气,何必一定要现在赶过来,晚点也不要紧的。看你的衣服都淋湿了！当心感冒啊!”曼青总是淡淡地笑笑:“勿要紧呃,淋点雨勿算啥,事体勿好耽搁呃。”曼青说不来普通话,用一口糯糯的上海话应答先生。她的脸圆圆的,眼睛很大,笑起来嘴角浮现出两个小小的酒窝,温和的相貌蛮讨人喜欢。这时我就会忍不住敲边鼓:“这大风大雨的,就让曼青叫辆出租车来,你给他报销了不就得了?”我知道先生是有学术科研经费的。这时曼青就会急忙制止我:“我乘公交车便当来稀呃,叫出租车作啥,好省一眼是一眼。”曼青私下告诉我,先生对项目经费是极其节省的。即便有领导明确指示,只要有先生签名的票据就给予报销,但他老人家从来不肯大手大脚多花一文钱。曼青说:“不过,其实在这一方面,阿拉两家头倒是一式一样的,全舍不得多用铜钿。”先生也对我说过:“我这个人其实是很抠门的,对别人抠门,对自己一样也抠门。”我提出给曼青报销出租车费的建议,就被先生丝毫不留情地当面予以否决了。

曼青坐在先生旁边,从马甲袋里掏出七七八八的文稿、信件和书籍,轻声细语地汇报古籍整理工作的各种事项,仔仔细细,条理清晰。先生也会“一二三四”地交代需要曼青处理的各项事宜。曼青认真听着,有时还做一些记录,先生授意的事情,曼青一点儿都不会遗漏,下一回的汇报都会有令人满意的处理结果。这时,先生就会拿曼青来比我:“你看曼青,做什么都那么细心周全,你要好好学学她,别以为她只是个中专生,你的学历比她高,可是你做事总是丢三落四。哎!不过说你也没用,你天生就是个‘马大哈’!”我知道,先生既是在批评我粗枝大叶的毛病，却也是在赞赏我从不和人计较，没有小心眼的率真天性，先生的批评不是绝对的责备。

经常在会议和活动之后，曼青会把支出花费结算清账，方便先生审核签字。而曼青自己的办公费，往往只占很少的比例。记得有一次，先生要买一些文具，曼青正好看到有处理的水笔在卖，就多买了几支。当先生用新笔写字的时候，打开一支，写不出来，换一支，还是写不出，才发现这些笔的墨水都是过期了的。我从口袋里掏出一支日本产的水笔递给先生，顿时流畅顺手，写出来的字也奕奕有神起来了。先生对曼青说："你看，这个笔多好！你就知道省钱，要知道，从来就是一分价钱一分货，便宜没好货啊！"虽然不是啥大事，曼青还是有些内疚："我想文具店总归靠得住的，哪能会得卖格种次品！"先生理解曼青的懊恼，安慰她说："你是精打细算惯了的人，从来不肯浪费，你没有做错。只是现在社会不一样了，只顾赚钱，质量好的东西是不会便宜的。而我用的文具，一定要质量好的，贵就贵了。你问问蓝云，好的文具要到哪里去买，这方面的钱，我不在乎多花。"于是一贯节俭的曼青就来向我求教，有些先生需要的东西去哪里买，什么商店的东西质量好。

先生告诉我，曼青节约惯了，因为她生活担子一直挺重。她的丈夫病故多年，她独自一人拉扯着两个儿子，抚养他们成人，现在还有了一个孙女和一个孙子，她也要帮忙照顾。先生感叹："一个女人，还真有点无依无靠。"但是她工作努力尽心，领导和同事都喜欢她，特别是他们的社长钱伯诚和魏同贤都尽力关照她。也许这就是返聘曼青给先生当秘书的原因吧。先生说，一开始换掉赵清行他有点不满意，但是几年相处下来，还是在曼青身上看到了许多优点。先生的原话是:“其实,你不要小看了曼青,曼青是有一点‘鬼聪敏’的。你看,她的那一手字,比你写得都要好,你的字就不如她啊!当然,她书没有你读得那么多,也没有你见过那么多的世面,但是她是一个很努力很用心的人。”先生对人的要求高,如此评价不是轻易能够得到的。

年复一年,曼青提着大包,往返于绍兴路和先生家,大包里有《杜亚泉与东西方文化问题论战》《从理想主义到经验主义》《记王瑶》《谈汤用彤》《记张中晓》等大量重要文稿。先生写完了即交给曼青,由曼青交给古籍社文印室打印,再带给先生修改。而先生的修改反反复复,斟字酌句,曼青从来不怕麻烦,耐心地一趟趟跑腿,直到改无可改了才作罢。直到1995年,我买了一台电脑,学会了文字处理,先生的稿件才转交给了我,此后便由我主要负责先生的文稿处理。但是,有些书籍的编辑,和出版社交涉等工作,先生就交由曼青做。印象特别深刻的是,浙江教育出版社为先生出版《清园书简》,要汇总先生师友的八方来信,花费了一年多时间,不断地由曼青汇总,陆续打印成文,交由先生审阅。那时先生落脚衡山宾馆。那一年的酷暑时节,曼青总是提着大包信函,顶着热辣辣的骄阳,穿着被汗湿透的衬衣,赶来“工作”。先生翻阅完了打印稿,又会拿出几封不知何方新寄来的信函交曼青去录入、打印。曼青受命收好信函,喝几口清茶,立即起身,又冲进炎热的阳光中,开始又一个轮回的忙碌。她的敬业精神真是令人敬佩!

我是先生自己请的助手,又是先生打小看着长大的孩子,加上我们家和先生家比邻而居,所以只要我做得了的事情,责无旁贷,我竭尽全力而不图回报。和先生我也无话不谈,没有一般人的顾忌。对曼青尽心尽力的工作,我觉得先生应该多一点肯定和奖励,所以我就对先生说:“我们办的业余学校返聘了许多教师,根据这些教师的工作年限、教学业绩,学校是会逐年增加工资的。曼青已经在你这里干了好几年了,你应该给她涨工资了。你看,物价都在涨,工资不涨的话不就是减少了吗?”先生听了我的话,好一会儿不作声,陷入沉思。突然他问我:“你们办的学校确实给教师涨了返聘工资?”我说:“是啊!这样我们的办学质量更高,在上海名气可大了!”先生说:“你的提醒很好,我原来是忽略了这个问题。钱是要用的,光省在那里没有意义,要发挥作用才有意义。”他还说:“我这么抠抠缩缩,省下来的钱,说不定以后就叫其他人给吃吃喝喝花掉了,不是没有这样的可能性啊!该花的就花!”这样,我就合情合理地说服了这位“抠门”的老头,这么多年,曼青终于涨工资了。而且这之后,间隔一段时间,曼青的返聘工资就会涨一次。说起这件事,我和曼青都暗自觉得好笑,先生是在“与时俱进”啊!

曼青除了对古籍小组规定的任务一丝不苟外,对先生的家务事也是桩桩在心。先生家里常常发生的麻烦事,就是保姆经常用得不稳定。家里的保姆突然要走,半身不遂的张可阿姨怎么办?急急忙忙临时找人,有时还真是求告无门。这时,先生会请曼青相助,曼青从来没有二话,可谓有求必应。先生的家事,曼青如同对待自己的本职工作,她尽量放下自己的家庭琐事,排出时间来照顾张可阿姨。记得有几次夜晚排不出人,曼青就干脆住到先生的家里,给张可阿姨陪夜,一早再赶来先生处汇报情况。这样,心系着张可阿姨的冷暖安危,日久天长,曼青不再仅是先生的秘书,还成了先生生活中不可割舍的亲人。记得那些日子,先生要求我随侍着他,读书报、整理往来信函、接待各方来宾,以陪伴他为主。而张可阿姨那里,先生由于身体欠佳，不能每天前去探视，但是先生的心里是放不下自己重病的老伴。有了曼青，先生不再那么纠结，先生信任这位不善言辞的女性，她生就了一颗善良温存的心，她富于同情，她为先生担当起了这份使先生当时有点承担不了的重负。

记得先生去杭州讲学或疗养时，多数会让我随行。但是先生看到了曼青的辛苦，有一次去杭州，先生决定带曼青去。碰巧那一次张可阿姨健康情况还行，所以，张可阿姨也一起去了。曼青和张可阿姨住在宾馆的同一间房间里。照理说，有吃有住有玩，有一帮朋友盛情款待，这理应是一次快乐的出游。可是，唐玲告诉我："你知道吗？曼青真是不容易啊！她这一路，随时随地在看护着张可阿姨，自始至终没有定心吃过一顿饭，加上夜里还要照顾病人，无法安稳睡觉。我看见她的一双眼睛熬得通红，我心里真是不忍。曼青真是个好人。"我想，先生本意是想让曼青放松放松，但是这样的结果，先生自己恐怕都没有察觉。但我却没有听到曼青有丝毫抱怨。甚至，先生的老姐姐病了，曼青也会去接送她，陪她看病，先生家的事情无论巨细大小，就这样变成了曼青的责任。

随着岁月的流逝，先生和张可阿姨的身体越来越差，他们隔三岔五地轮流住院，我和曼青如"哼哈二将"般，在瑞金医院和庆余别墅之间穿梭往返。张可阿姨最后的日子是在瑞金医院里度过的，医院有"周转率"的规定，病人每隔两周就要转病房。而先生自己除了眼疾，还罹患了前列腺癌，治疗的副作用时时发作，全身盗汗，但他对垂垂危矣的张可阿姨又放心不下，每去探视一次都要有人搀扶着，竭尽全力。记得那些日子，焦头烂额的先生从此不见了笑容，他希望能够在最后的日子里守在老妻身边，他说张可阿姨是一个"在今天再也见不到的好女人”。可是，她在受苦，她无助！先生说自己也是百病丛生，他无法去陪伴他的老伴，他的心如何安宁？于是，他吩咐曼青天天清早去医院，观察张可阿姨的病况，治疗有没有进展，需要家人做些什么，等等。他的忧虑和关切，几乎都通过曼青，一桩桩一件件，落实到张可阿姨的病榻上。曼青尽心尽力、妥妥帖帖地替先生为张可阿姨尽心。

那些日子先生住在庆余宾馆，我每天上午去先生那里，分担他的忧愁，安慰他的焦虑。同时，为他整理专栏“清园谈话录”文稿。我们环绕着庆余宾馆的走廊一圈又一圈地走，他口述《记汪公严先生》，我逐字逐句记录，每天千字左右。下午我在家打印成文，第二天再给先生修改，增加新的内容。大约半个月完稿，分上下两编，交《新民晚报·夜光杯》发表。这个阶段我的工作除了其他应酬，就是帮助先生整理由他口述的不定期专栏——“清园谈话录”。2006 年初，庆余别墅的大修结束后，先生从庆余宾馆搬回了庆余别墅，张可阿姨仍是住在瑞金医院。由于吞咽困难，医院给她进行了鼻饲，除了医院的营养液，先生嘱咐家里送一些燕窝、虫草过去，先生希望张可阿姨的营养得到最好的补充。每当先生体力允许，他就会叫我陪着去瑞金医院，他在插着管子的张可阿姨身边，默默注视着丧失了意识的爱妻，不愿离去。张可阿姨带给先生的爱是那么的珍贵。人世间的风风雨雨、惊涛骇浪，他们甘苦与共；先生落难，她不离不弃，悉心呵护，她是先生实至名归的“守护神”！可是，“应该是我来守护你的时候了，可我拿什么来守护呢”？先生的心事，我和曼青看在眼里，但我们只有同样的无奈！多做一些我们能做的，让我们为这两位可敬可爱的老人，尽我们之所能吧。可是，天命难违。这一年的 8 月，张可阿姨还是走了，她还是离开了她深爱着的人们，去了那个安宁的、没有纷争没有肮脏也没有仇恨的世界。先生强忍着难以名状的悲伤，为亡妻写下了让人动容的悼词：张可心里几乎不懂得恨，我没有一次看见她以疾言厉色的态度待人，也没有一次听见她用强烈的字眼说话。她总是那样的温良、谦和、宽厚。从“胡风案”到她得病前的23年漫长岁月里，我的坎坷命运给她带来无穷伤害，她都默默忍受了。受过屈辱的人会变得敏感，对于一个不易觉察的埋怨眼神，一种稍稍表示不满的脸色，都会感受到，但她始终没有这种情绪的流露。这不是任何一个因丈夫牵连而遭受磨难的妻子都能做到的。因为她无法依靠思想和意志的力量来强制自然迸发的感情，只有听凭善良天性的指引，才能臻于这种超凡绝尘之境。

我和曼青全力以赴帮助先生料理张可阿姨的后事。追悼会安排在衡山路的国际礼拜堂举行。先生希望穿一件黑色的衬衣赴会，可是男式黑衬衣并不多见。记得我和曼青两人遍寻徐家汇大商场，一起为先生选购到了一件高支棉府绸的深黑色衬衣。

在先生身边齐心协力地为他工作，我和曼青的相处不知不觉也有十多年了，共同的目标使我们变得亲密而有默契。如何处理好各种事务，如何解决突如其来的矛盾，如何把先生的事情办得更好，我们都心有灵犀。那时候先生真的是年迈多病，时不时就要住医院，但是先生答应了湖北教育出版社社长黄榕女士出版他的10卷本文集。由先生带着曼青、我、姚以恩和湖北教育出版社的魏天无一起组成了小团队。这部文集是先生一生思想成果的汇总，他十分看重。先生抱病进行策划。他原本是可以使唤几位弟子的，但他们在高校已逐年得到升迁，工作担子加重了，当时无暇分担。好在先生还有我和曼青扮演“虾兵蟹将”，曼青负责和湖北教育出版社联系，我们帮先生整理文稿，老姚负责“咬文嚼字”，书稿一本接着一本完成了，曼青则是我们牵头的老大姐。尽管让先生十分满意的事情不多见，但这件事上，我们的质量和效率令先生十分满意。他专门对湖北教育出版社说：“他们的工作不能白做，你们社应该专门支付他们报酬。”先生的病情一直在加重，我们几个和出版社一起和时间赛跑，终于让先生在病房里看到了文集的问世。曼青也兴冲冲地把编辑费分配给相关人员，这是先生住院期间发生的振奋人心的一桩事情。

20 世纪初，庆余别墅小聚，左起前排：吴曼青、王元化、李子云、蓝云，后排：陆晓光、高克勤、俞慰慈、吴洪森、钱文忠

小事大事，只要是先生的事情，曼青总是全力以赴，努力圆满完成。特别值得一提的是，正是在她的帮助下，先生在 2004 年 1 月 18

日，完成了他那篇厚重的、轰动学界的《记我的三次反思历程》。那几年，先生的书信、稿件、专栏文章，基本都是由先生口述，我记录，录入电脑后逐步修改成文的。进入21世纪后，《清园谈话录》《清园近作集》《人和书》《人物、书话、纪事》等，都由先生带着我完成。那时候，先生安排曼青去陪护张可阿姨。可能是我家离先生住处更近些，而曼青家到瑞金医院也只有几步路，所以先生就近为我们分工。2004年初的那些天，先生突然派我去瑞金医院张可阿姨处，让曼青到庆余别墅，为他整理口述文章。是什么原因呢？我想也许姜还是老的辣吧。前后大约半个月，曼青奔走于庆余别墅和古籍出版社文印室，逐字逐句记录下先生艰难而深刻的反思历程。成文之后，先生嘱咐：具名吴曼青整理。曼青生性谦让，对先生说："我的名字就不要写上去了吧！"先生不容推辞地强调："一定要写上'吴曼青整理'，不要漏掉。"曼青只好顺从了先生的心意。先生心里的那杆秤是平的，该是曼青的成绩，先生不会忽略，尽管曼青自己并不在乎。

先生最后的日子里，我和曼青几乎天天在病房碰头，一起眼看着先生一天天衰弱下去，却无能为力。先生在清醒的时候，仍然会对我们交代一些他想做的事情，但多数时间是昏昏欲睡的。由于癌细胞在快速扩散，先生的脸肿胀得厉害，胃口也差到了极点。我们总是趁他清醒之际，听他交代需要我们做些什么，比如古籍整理小组工作的善后，给他转告一些友人的想法，交代对王元化学馆建设的设想，交代工作室里留下的资料的归类整理，等等，曼青和我一一照办。

先生在世最后的日子里，国内国外来客不断。他们万里迢迢来见先生，来送别这位伟大的思想家。亲友们不忍他的离去，又无力挽留他继续留在人世间。这时候，人的力量显得如此渺小！先生身陷病榻，只好由曼青和我一起代为迎送这些南来北往的客人。那些日子，曼青和我一样肝肠寸断。2008 年 5 月 9 日，先生在我们面前永远停止了心跳。他永远不会再睁开眼睛，吩咐我们去为他办这办那了，他不用使唤我们替他服务了。他还有那么多未竟的心愿，就这样随波而逝了。

先生走了，先生周围的朋友们，各自为事业为谋生忙碌着，曼青也结束了秘书工作，她真的退休了。那么多让她辛苦忙碌的事情结束了，她反而感到空落落的。默默地付出使她充实并快乐。每次和我谈及，她都无比怀念那些背着大包风里来雨里去的日子。她挂念和先生一起工作时所结交的朋友们。可是，朋友们又有了新的奋斗目标，很少有人回过头来问一声："曼青怎样了？她好吗？"

我是不能忘记这位和我一起为先生分担了那么多的老大姐。她已经 80 岁了，独自生活在城市的一隅，回忆着旧日的时光和朋友。所以，但凡有和先生相关的朋友聚餐，我一定要提议请上她。自然也是有朋友仍然记得这位默默无闻的奉献者的。最近，和先生的知音夏中义、楼世芳等聚餐，我照例请来了曼青。当他们得知我在写此文时，中义兄大声叮嘱我："你可一定要写上吴曼青和《记我的三次反思历程》。曼青做了一件很了不起的事情，大家应该也永远记住她！"我回答中义："当然啦！怎么会漏掉呢？没有人比我更了解，曼青对先生的这份付出！"

“天涯候鸟”邵东方

有两位北京的年轻学者格外得到先生的青睐，他们都有超常的学问修养和独到的见解，照先生的说法是，有的人用功但不聪明，有的人聪明却不用功，而他们是那种既用功又极其聪明的年轻人。先生和他们往来频繁，亦师亦友，既探讨学术问题，也漫谈人生琐事，从而结为情投意合的忘年交。他们中一个是汪丁丁，一个就是邵东方。

听先生说起东方，不禁就联想到金庸《笑傲江湖》里面的“东方不败”，觉得应该是一副侠客的样子。但现实版的邵东方，儒雅而高大，质朴谦和中透出一股英气。他是一位颇受先生器重的青年学者。用先生的原话说：“我已年逾古稀，精力日衰，枯坐荒城老屋中，听风听雨，为时事忧。先生（东方）年方壮，英气沛然，望能真正切实探索传统，而无徒空言（如今之谈宏观大话者）。”先生还这样赞许东方：“以海外先进理论诠释古书，我不仅不反对，且深为赞同，但不可流为比附，强古人以求己意也。余虽被目为‘反传统’者，但深为在此种风气下，传统将成为绝学惧。”字里行间满满的是对东方的期许。

东方是研究古代史的学者，在北京师范大学师从刘家和先生，获得历史学硕士，并留校任教。1986 年他赴美留学，先后取得了美国夏威夷大学历史学博士学位，美国圣荷西州立大学图书馆学暨信息学硕士学位，后任教于新加坡国立大学，1999 年执教于美国斯坦福大学，讲授中国历史、语言、文化及思想史课程，并分别指导宗教研究系、东亚语言与文化系、历史系的博士研究生，曾任斯坦福大学亚洲宗教与文化研究中心和佛学研究中心高级研究员，之后又担任斯坦福大学图书馆最大的分馆——东亚图书馆的馆长。几年后，东方又升迁了，他来电话告诉我，他被调到了美国国会图书馆，担任了亚洲部的主任，主管着世界上最大的亚洲图书馆，被誉为"近五十年来亚洲部最杰出的主任"，他就是这样一个耀目而低调的学者。

这位来自北京机关大院的年轻人，和很多干部子弟不同。他的学问特别好，但为人处事彬彬有礼，毫无那种志大才疏却俯视万物的通病。他曾经告诉我，在"文革"肆虐的狂潮中，他身为干部子弟云集的北京景山学校学生，却从未被裹挟到红色浪潮里面去闹革命，而是一头钻进了中宣部图书馆的书库，安静地读"四书"、"五经"、《史记》、《楚辞》、"汉赋"，以及各种当时社会上稀见的翻译作品和内部读物。他潜入书籍的汪洋大海，吸收中外人文社科的知识，成了极少数保持清醒头脑的青少年。

1991 年 2 月，先生应美国夏威夷东西方文化中心的邀请，参加"文化社会：20 世纪中国的文化反思"国际研讨会。当时的东方在夏威夷大学攻读博士学位，并是美国东西方中心的研究学员。东方的研究方向是中外古史比较，在美国攻读西方史和思想史，已发表了史学论文和书评多篇。在古代史学研究之余，东方还潜心于中国近现代思想史。在这个国际研讨会上，先生结识了年轻有为的东方。会议结束时，东方与丁丁陪同先生以及与会的沈昌文、董秀玉等人去几十公里以外的波利尼西亚文化中心参观和观摩演出。不料先生下午参观后体力不支，在临吃晚饭前表示不能继续观看夜场的火把晚会，而同车的其他人很希望目睹这难得一见的太平洋岛屿土著文化演出。怎么办呢？东方果断决定，他本人放弃观看晚场演出，叫了一辆出租车亲自陪先生返回宾馆，其余人则由丁丁接着陪同参观，然后于深夜送回。尽管长途出租车费十分昂贵，但后来东方向会议组织者杜维明教授说明了情况，立即得到了他的理解并被批准报销。

回国之后，先生和东方隔海传书来往频频。他们在书信中讨论清代学术，笔谈最多的是为古史辨派所称道的崔述(号东壁)。他们的交谈越来越深入，最后东方写了一封二万言的长信，尽述崔述与古史辨中的诸多问题，先生认为是那几年中最为详赡而有不少创建的论文。先生就把此信转给《学术月刊》发表，并在《读书》(1992 年 7 月期)上刊发了他给东方的回信。他说发表此信是为引起对古史辨派成败得失的讨论。他认为，这一学派自 1930 年代开始至今，曾成为我国古史研究的主导力量，流风所披，远播海外，其影响至今未歇。先生的言外之意，对崔东壁的研究，东方堪称功莫大焉。

而对于先生，东方认为这次夏威夷之行，是先生整个辉煌的 1990 年代系列反思的开始。这次研讨会使先生有机会与西方世界从事研究和教学的若干著名华裔学者面对面交流，如余英时、林毓生、张灏、郭颖颐、李欧梵、杜维明、陶天翼、成中英、傅伟勋等，接触了海外关于中国研究的学术动态与最新成果，从而引发并促进了先生的反思。

先生格外亲近东方，还因为 1992 年在美国哈佛大学召开的国际汉学会议。在会议的间隙里，东方被指派来照顾先生的生活，陪伴着先生一起吃饭、聊天。他还专程陪同看望了先生几十年未见的姨妈，她是已故哈佛燕京图书馆馆长裘开明的遗孀。在此期间，他们彼此加深了感情和友谊，双方都非常服膺对方的谈吐和教养。

会议结束后，先生要经由旧金山返回中国，而东方则主动要求陪先生同路到旧金山，送先生转机以后，再自己返回夏威夷大学去。不料在旧金山他们碰到了意想不到的麻烦事儿，美国的几家航空公司职工罢工，打乱了航班运行的正常秩序，飞机延迟起飞，先生因而上不了原来订好的航班，被滞留在机场一筹莫展。经东方了解，这家航空公司由旧金山飞赴上海的飞机是每隔3天才有一班，先生最早能返回上海要等到9天以后的航班，这可是急坏了先生。遑论其他，这时的先生已经是囊中羞涩，身上所带的花费已经不足以支撑9天的开销，要在旧金山逗留这么久是非常为难的事情，不能不叫远在异国他乡的老人家心急如焚。先生说幸好有东方在他的身旁，跑进跑出地张罗着打交道，使他有了依靠。东方经多方问询得知，中国国际航空公司当天飞往上海的航班尚有舱位，但却是商务航，价格甚高。这时，东方干脆自己掏钱，向尚有商务舱座位的中国国际航空公司临时补购到了高价商务舱机票一张，退掉了原航空公司机票。东方告诉先生，费用问题暂不用担心计较，由他日后再去和会议主办方交涉处理。先生终于登上了飞机，这时舱内乘客已经满员，先生刚刚落座，飞机就开始在跑道上滑行了。这段经历先生每每提及，充满了对东方的感激之情。所以在没有见到东方之前，我就已经知道了夏威夷大学学者邵东方的大名。

我见到久闻大名的邵东方是在1994年冬天，他穿着厚厚的羽绒服来到上海。那时东方从国外回北京探亲，要转道回老家南通探望他的百岁老祖母，正好上海是个中转地，可以和先生会面。先生很高兴，早早就嘱咐我去落实东方的住处，还特别关照离家要近一点，来去方便，价格还不能贵，先生不舍得让东方太破费。因为我和教育系统相熟，就联系了淮海路汾阳路口的教育宾馆，离先生家不远，带有内部招待所的性质，给了很优惠的住宿价格。

住定之后，我就领着东方去先生府上拜望。东方和先生兴致勃勃地交谈，先生留饭，饭后他们继续滔滔不绝，直至深夜 11 时，东方才返回教育宾馆。3 天以后，东方应邀去上海社联演讲，题为“清代考古辨伪学家崔述”，晚上由社联党委书记林炳秋宴请。餐后还是余兴未尽，再返回先生寓所畅谈至 11 点。去南通探望过祖母回沪之后，东方还是去先生府上，他们如师生，又如父子，谈思想、谈学术、谈生活，都有很多共同语言。照例又是留饭，照例又一番长谈至晚 11 时方散。临别，东方建议先生主编的《学术集林》可以增聘学术通讯员，先生说这个主意好，遂采纳。先生还请东方为他带一些书分赠先生的美国友人。

先生与邵东方

东方在新加坡国立大学任教期间，每逢寒暑假，总是争取来沪的机会，拜望先生与张可阿姨，他与先生交流学术研究心得，言谈甚欢。记得有一年，他陪伴着先生一起会客、吃饭、聊天，还带来了他的女儿邵华夷，先生见到小姑娘特别高兴，如同见到自己的孙女一般。先生自己没有孙儿孙女的，所以他格外地爱孩子。他们乐呵呵地合影留念，张可阿姨还留他们一起吃了饭。

那段时间里，记得东方还介绍了一位他的博士生，新加坡大学的王梅凤女士来做先生的访谈，那是位有点怯生生的文静的女士。她在东方的指导下，以先生为个案，探究中国当代知识分子的心路历程。1996 年，王梅凤由在新加坡做军官的丈夫陪同，带着才 3 岁的小女儿，拖家带口来拜会仅从资料上见到过的先生，目睹一代学人的风采。为了理解先生学术思想的博大和精深，王梅凤曾在东方的指导下拼命阅读先生的著述，当她怀着不自信和紧张的心情敲开先生家的大门时，见到了笑嘻嘻的大学者，还有温婉随和的张可阿姨，王梅凤的心一下子就松快了。先生真是一点架子都没有，像自家的长辈一样和蔼，并且十分地疼爱他们的小女儿。先生还交代王梅凤，来他家不要买东西，假如一定要送点什么表示心意，那么也只允许送一点鲜花。

那时的先生已年过古稀，但仍然精力充沛，思路敏捷，他们连续谈了 3 个下午，每次 3 个小时，录下了十几卷录音带。由于先生谈话的面很广，有些内容是王梅凤知道的，也有王梅凤感到陌生的内容，先生总是耐心地解释，直到王梅凤明白为止。次年，王梅凤将论文寄到上海请先生指正，先生放下手边的工作，逐字逐句为王梅凤在原稿上加以修改，令王梅凤既多惭愧，又永怀感激。

2000年王梅凤携全家来上海到衡山宾馆先生的工作室探望先生。临别前，先生相赠《跨过的岁月——王元化画传》，在书的扉页题写：礼雄、梅凤贤伉俪及卢珂小妹妹　王元化　张可　庚辰三月。王梅凤如今已是新加坡著名的南洋女子中学的校长，她说她永远铭记先生的仁德和厚爱。但是我明白，先生给予她的这一份“偏爱”，很大程度因为她是东方的学生。

而东方对于先生更是充满了知遇之情。他是这样说的：“作为前辈的王先生，他对于我这样一个才疏学浅的青年学者，总是循循善诱地教诲，竭尽全力地帮助，无微不至地关心以及道德风尚方面的激励，这些使我终生难忘，古人有云：‘友正直者日益。’先生对我可谓推心置腹，言无不尽，极为信任，这些都是我终生不能忘怀的。”

东方最后一次回国看先生是2008年1月28日，他在我和胡晓明的陪同下到瑞金医院探视久别的先生。那天先生特别激动，从病床上起来，询问在美国的老友的近况，如赵复三先生；又嘱我念了一些来信给东方听。先生心知自己的病情严重，特意紧紧搂住东方合影留念。在场的朋友深知这次会面的重要性，作全程录像。在聚谈两个多小时后，先生又吩咐我在医院的餐厅代他招待东方。

先生离世之后，东方来上海总还是会来探望我，告诉我他在学术和生活方面的情况。我去美国也专门去旧金山探望东方，他还代表斯坦福大学图书馆专门对我作了关于先生的访谈，后来根据这篇访谈，我写了《如父、如师、如友——岁月悠悠忆元化先生》，后来《联合时报》《探索与争鸣》都刊发了此文。

东方有如一只远在天涯的候鸟，每逢寒暑假或者出差什么的，都会归来到先生身边，追随着先生，这样在先生一侧，我也就多了一个弟弟。他们切磋学问，接待友朋，我也成为其中一员，东方也就把我当作了自己的大姐。记得一次我说起我的一位闺蜜也在北京景山学校，名叫钟晓青，可是我们多年没有联系了，他的父亲是《红旗》杂志的领导钟林。东方说："我知道她啊，景山学校赫赫有名的校花！她和我妻子的姐夫是同班同学，我去帮你找回她的电话号码。"回美国后他当即把晓青的电话号码给我找来了，使我和分离十几年的儿时好友恢复了联系。

为了筹划纪念先生 90 诞辰，我们在斯坦福大学校园散步时，东方说，我们一起来合编一本纪念先生的书可好？请钱纲的弟子、上海文艺出版社的吕晨来做编辑。我说："好啊，我们一起合作来纪念先生，太有意义了。"回国后我考虑到自己的学术层次不够高，遂请先生看重的另一位水平很高的学者夏中义和东方一起担任主编，共同编成了《王元化先生九十诞辰纪念文集》，我为此文集撰写了《琐忆先生》，李锐先生也应约赐稿。

先生走了，但是他把道德文章留给了世人，还把和朋友的友情留给了我。东方仍然是一只年年回归的天涯候鸟，到季节就飞回来了。在上海，他十分喜欢在我家的老房子里吃我做的菜。有一年他和斯坦福大学的副教务长一起来上海访学，东方向他们推荐，指名要在我的老房子里，吃一餐我亲手烹制的"蓝家私房菜"。

阳光大男孩汪丁丁

如果说邵东方的言谈举止总是端端正正，透出些许老成持重，那么同为北京高干子弟出身的另一位年轻学者，乐呵呵的汪丁丁，他的笑声永远那么爽朗，像个大大咧咧的阳光大男孩。1991 年 2 月，他们俩是同时出现在先生面前的。在那次由美国夏威夷东西方文化中心举办的"文化社会：21 世纪中国的文化反思"国际研讨会上，他们同是为这次会议热心服务的中国留学生，正是在这个会议中，先生同时认识了这两位才华横溢的年轻学子。

丁丁身材魁梧高大，剪了个简易的"板寸头"，总是身着棉质衬衣或 T 恤，配着一条干净而熨烫得笔挺的牛仔裤。那一身看起来很不讲究的装束，其实却收拾得一丝不苟。他有位无比贤惠而仔细的妻子小李，她和丁丁如影随形。正是背后有着小李细致入微地照顾丁丁的衣食起居，还兼当着文秘工作，所以丁丁得天独厚，可以这么海阔天空、心无旁骛地去做学问，小李是丁丁"修"得的一颗"福星"。他俩永远同进同出、有商有量，丁丁在哪儿，小李一定就在那儿，他们是成双成对令人羡慕的夫妻档。

我认识丁丁和小李是在先生家的客厅里，也是在丁丁结束夏威夷大学留学生涯，辞去了美国的大学教职回国之后。大约是在 1997 年，丁丁任职于北京大学国家发展研究院；后又兼任浙江大学经济学院教授，并负责组建浙江大学跨学科社会科学研究中心，担任这个学术委员会的主席。来到这里，他们情不自禁就爱上了杭州，因此在风景怡人的西子湖畔也安顿了一个“温馨小巢”。此后他们开始有规律而频繁地南来北往，每逢南下杭州居住，他们就会安排休息日来上海，如同儿女来陪伴老父亲一样，来到先生的身旁。

说起来丁丁可算得是个“人物”，仅是在经济学领域，他就涉猎了包括发展经济学、制度经济学、宏观经济学、数理经济学、资源经济学、行为经济学、经济学哲学、经济学思想史、新政治经济学、制度分析基础、博弈论基础、微观经济理论、资本理论、经济增长与发展理论，此外还有道德哲学和政治哲学等领域。仅是一大串学科名称，足以叫人望而生畏。难怪先生对我夸奖，丁丁真是一个难得的“大才子”。丁丁的来访，总能够带来大量先生不熟悉却感兴趣的信息，而和丁丁交谈，先生是很当作一回事的，丁丁懂得太多了！先生告诉我：“你可别看丁丁像个单纯的大男孩，其实这个丁丁是了不起的，是一个‘传奇’！”

是的，眼前的丁丁，看似那种“住在山上的神仙，过惯闲云野鹤的生活”(如复旦大学韦森教授所述)，其实他是一位在学术界享有“百科全书式知识分子”美誉的学者。正是这位数学专业出身的大男生，在少年时代就通读了马恩选集，尤其是《资本论》，在每一页上都写了密密麻麻的读书笔记。他酷爱哲学，令无数人望而却步的黑格尔《逻辑学》，光导言他就读了数十遍；从大卫·休谟到康德，从罗素到哈耶克，这些哲人的思想，他可以深入浅出地娓娓道来，他自称“与经济学家相比，自己更像哲学家”。1990 年，他获得了美国夏威夷大学经济学博士，但是他的兴趣无比广泛，他的知识谱系里交织着数学、经济学、哲学、社会学、政治学、伦理学、心理学、脑神经学、美学、宗教和神秘主义，他笑谈自己“像万花筒一样错综复杂”。他的著作包括《经济学思想史讲义》《新政治经济学讲义》等 20 余种，几乎每年都有新作问世。他的教学研究涉及经济学思想史、制度分析基础、行为经济学、演化社会科学等前沿科学领域，后来主持“跨学科教育”实验，担任东北财大行为与社会科学研究中心学术委员会主席。

尽管丁丁的学术成就与贡献很少有人可以比肩，但是来到先生身边，他却只是一个恭恭敬敬的大男孩。他往往端坐着，聆听先生的教诲。我想，他是在先生那里，不仅印证了许多以往学到的知识，还得到了更多书本中学不到的人生真谛。他是打心眼儿里佩服这位当今少见的哲人和思想家，还对先生抱有一份发自肺腑的，如同对父亲一般的亲近。据说在结束夏威夷大学留学生涯前，丁丁思考过去哪里发展，是留在美国还是回国报效？丁丁的母亲也为此特地请教了先生。先生主张，还是回来吧，丁丁是个要大展拳脚的人，这里的发展天地更加广阔，丁丁将会成为祖国建设的有用之才！先生曾经告诉我，当时他是积极主张丁丁回国的。当然国内一定会有种种不如意，但是先生认为留在美国对丁丁来说，说不定就耽搁了。是去是留，丁丁最终听从了先生的召唤。

回国后，丁丁执教于北京大学和浙江大学。奔南走北，丁丁总要在上海逗留些日子。先生对于丁丁来说，就像一块磁石，在先生身旁，丁丁仿佛能汲取到一种无形的力量。他们经常是一聊就一个上午，然后我们简单地午餐，先生午休时，我则和丁丁、小李去衡山路小店里喝咖啡。在先生身旁，我们的相处就像是兄弟姐妹般毫无隔阂。记得一个午后，我们在咖啡馆闲聊，丁丁告诉我，我们的出身极为相似。他的外祖母叫刘静君，是中共早期的革命家，1920 年代在北京大学求学时就是李大钊的入室弟子，曾在“白色恐怖”下为李大钊送葬，好像还是延安陕北公学创办者之一；他的妈妈是新华社的第一批记者，后调到中宣部，是个典型的理想主义者。他说家族的革命基因让他懂得爱国主义不仅是一种理智，而是一种情感。我也告诉他们，我的父母也是因为支持抗日战争、抵御外辱，走上了革命道路。相似的出身，又同为爱戴先生的小辈，我们在一起因此格外亲密。

丁丁说自己从小顽皮，自由散漫，有幸碰到一位好老师得到了正面表扬，一下子就开了窍。读大学期间喜欢泡图书馆，几乎不上课，但总能够顺利通过期末考试。当时北京师院校长梅向明讲微积分，丁丁从没有在课堂露过面，但期末考得了第一名。梅校长向同学们表扬丁丁："你们要像汪丁丁学习，一定不要死读书、读死书。我根本没有在课堂上见过他，但他考了第一名，肯定不是死读书的学生。"

丁丁说自己经历了 3 次启蒙：第一次是在"北大荒"，宿舍有一位哈尔滨知青拉小提琴，自己在琴声中读莎士比亚，由此感情上开了窍。第二次是"九·一三"事件后开始思考中国的命运，闭门读马列，密密麻麻地在书上做笔记，还读了数百本各国历史和俄罗斯文学名著。第三次是"批林批孔"时期，读了大量政治经济学说史，剩余价值理论和高等数学。他说自己在夏威夷大学也很少去听课，但并不代表自己不勤奋。他每天都要在东西方研究中心资料室和夏威夷大学图书馆泡上十几个钟头，他知道每一层楼每一个书架上摆的是什么书。在图书馆漫步就是他的一种休息方式。从地下室的图书资料到一层的参考书，再到二层的数学、物理、生物，直到顶楼是哲学、历史、文化，如同一个国王在自己的领地里巡视军队一般得以博览群书。加上他扎实的数学功底，经济学的内容就不在话下了。有个印度老师讲授宏观经济学，期末考试要求大家 80 分钟完成试卷。由于这个老师的印度口音重，丁丁把 80 分钟误听成了 18 分钟，于是掐着表飞快地做，还真18分钟就完成交卷，老师同学都看傻了，可是居然他还得到了那次考试的最高分！

丁丁的传奇说也说不完，难怪爱才的先生见到这大男孩，就止不住地满心欢喜。

但是偏爱归偏爱，不足之处先生也是直言相谈不留情面的。一次，丁丁蛮得意地把自己的论文——好像是《关于“囚徒”的博弈》和有关北大女生轻生沉湖问题的文章拿给先生看，先生读得很是费力气。可能是他老人家第一次细读这种表述方式的文章，他觉得生僻拗口，内容也不甚了然，似乎丁丁不如自己弟子们的文字那么流畅明了，这是一种他不怎么适应的文风。他对丁丁说：“你的学问无疑是一流的，但是你的文字功底不行，也许是常年使用外语的缘故，你缺少中国传统文化的训练。”也许这是每年出一本书、拥有大量粉丝读者的丁丁从未经历过的被批评的场面。但是，我看到丁丁笑嘻嘻地认可了先生的批评。在先生心里，丁丁应该是完美的，丁丁应该是没有缺憾的。

还记得，丁丁和小李每次来访，总是想方设法给先生带一些好吃的食物，因为先生往往一个人生活在工作室，吃得非常简单，仅是果腹而已。而丁丁夫妻俩是十足的“吃货”，他们希望领着先生外出一起分享。一次，丁丁和小李专门带先生去新天地的“老夜上海”饭店吃一餐精致的本帮菜。进了装修得富丽堂皇的饭店，座椅舒适大气，可是，端上来的一个个硕大的盘子里，盛着的却只是小小一份色彩诱人的家常菜。比如葱油拌面，在一个大盘子里，只是盛着一小筷子面条加上一撮炸成金黄色的葱花和几颗虾米，虽然色香味俱全，先生吃得还是直是摇头：“真是太洋盘了！花的都是冤枉钱！丁丁啊，你不会吃！”从此美食家丁丁在先生的眼里就落下了“不会吃”的名声。当然这并不妨碍在上海和杭州，先生和“不会吃”的吃客丁丁，经常是要在同一张饭桌上会客聊天，这成为先生生活中必不可少的“乐事”。

先生和丁丁都偏爱杭州，因为杭州还有他们在中国美术学院的画家朋友舒传曦夫妇及他们的儿子舒展。所以，在春天或秋天气候宜人时，先生只要身体许可，就会到西子湖畔和这帮好朋友相聚，过上几天“神仙般的日子”。他们一起在“湖畔居”品茗，欣赏窗外的接天荷叶无穷碧，小舟荡桨向天边；他们同去老龙井茶园，聆听秋风中夹杂着的悠长而凄切的虫鸣；他们漫步灵隐寺院墙外的曲径，和半道中的一棵遒劲的参天老香樟树邂逅而结为至交，每来此地都会专门探望这棵老樟树长势如何，先生说从这棵树上依稀看到了自己的影子。在杭州，丁丁和舒夫人唐玲还把发掘最新鲜最精美的佳肴当作大事来用心做，因此在杭州，先生是特有“口福”的。丁丁和舒传曦一家尽心安排，为的是给先生晚年留下最美好的时光。

随着先生身体日衰，杭州终于去不动了，它真的化作了先生记忆中的天堂。于是，丁丁和小李就在休息日来沪，特意住到先生下榻的庆余别墅，朝朝暮暮，尽可能多多伴在先生身旁，谈政治、谈经济、谈文化、谈人生……，酒逢知己同样滔滔不绝。这时候，丁丁也就放下了“美食家”的身段，到了饭点，一起围坐在先生的简易折叠餐桌边，有时是餐厅的家常菜，有时随意外出采购一些简单的食品，也有时是我从家里为先生烹制的菜肴。这时，看着这两个极其不普通的人，吃着普通得不能再普通的饭菜，而且不管吃啥总是那么其乐融融，这是无论哪一家著名饭店都不能够花钱买得来的，唯有亲人一起才会品出这样的人生美味。

丁丁还常把自己的知心伙伴介绍给先生，比如《财经》杂志的主编胡舒立，她和先生也一见如故。记得一次胡舒立从北京来访，小小的个子，却捧着一大束鲜花，简直是把自己埋在了花丛中，不见了人影。舒立特为《财经》杂志副刊请求先生赐稿，先生爽快应允。此后，先生用心为《财经》副刊写了差不多两年专栏，我记得有谈京剧伍子胥、谈果戈理、谈杜甫、谈老年人的爱情、谈重读《约翰·克利斯朵夫》的感想，等等，如同小学生完成家庭作业般的认真。由于这时先生一目已盲，另一目严重白内障，所以这些文稿都是我为先生逐字逐句整理出来的。胡舒立看到先生读写俱废的窘迫晚境，实在于心不忍，她交代《财经》上海地区主管张翔到复旦大学招募了近十名大学生，每天上午轮流来为先生读书读报。这些孩子不仅成了先生的一双双"小眼睛"，还让先生了解到大学校园生活和社会上方方面面的信息。先生十分喜爱这些大学生，他不仅叫得出每个孩子的姓名，还了解孩子们不同的个性和家庭背景。而孩子们能够近距离地接触先生这样一位大学者也深受教益，这成为他们成长过程中难能可贵的经历。这可是胡舒立为先生做的一桩大好事。

多么希望天长地久、岁月静好，能够就这么和先生冬去春来永相伴随，能够坐在他身边听他娓娓而谈。这么多年以来，丁丁、小李和我都一样认为，先生已是我们生活和精神中难以割舍的一部分。可是，先生的前列腺癌还是发生了肺转移，他剧烈地咳嗽，痰里带着血丝，呼吸局促，吃不下东西……先生的最后几年，基本上是在瑞金医院的病房里度过的。每天一早，我随着上班的人潮赶去医院，守护被病魔缠身的先生，尽我微薄的力量给先生带去心灵的慰藉。先生的朋友亲人也从天南地北赶来，我见证了一拨又一拨深情的告别。

丁丁和小李仍是在周末会专程赶来。丁丁来了，先生的精神会因此而振奋。2008 年 3 月 27 日，丁丁和小李一早就从杭州赶来先生病榻旁。先生起身坐在轮椅上，丁丁拿出了早就备好的纸笔，他们紧挨着笔谈了好一会儿。同时来探望先生的还有来自日本的俞慰慈和赵坚。赵坚专门从日本带来了最好的米，嘱咐人给先生熬粥喝。为了方便探视先生，丁丁和小李就在瑞金医院对面的瑞金宾馆入住，住得离先生近一点，他们内心仿佛会安定一些。这天中午，我们和吴洪森一起，在瑞金宾馆的锦悦轩午餐，丁丁给这个餐厅打了高分。可是，餐桌上没有了先生，美味就失去了滋味。丁丁仿佛被乌云笼罩着，那个阳光大男孩形象不见了。

冥冥之中仿佛有天意，丁丁和小李最后一次来探望先生，是在2008年的5月8日，他们一早从杭州赶来。而这一天，正是先生逝世的前一天，没想到他们这次见面竟是最后一次，就像专程来送别他们敬爱的先生的。正巧，这个上午先生还清醒，丁丁凑在先生旁边，他们还作了简短的交谈，直到中午时分，丁丁他们才依依不舍地作别了先生。我照例送他们到电梯门口，小李扶着门框泣不成声……电梯的门关上了，不见了丁丁和小李，但我仍然泪水不止，悲哀不散。

先生逝世一年后，我和邵东方、夏中义一起为先生编撰了一本《王元化先生九十诞辰纪念文集》。丁丁在他的文章中，记录了见面的最后时刻和这最后一天他与先生的交谈。我把它附录于后，当作本文的结尾。

［附录］

与王元化先生的最后交谈

汪丁丁

我去医院探望元化先生，在他去世的前一天。那时他已不能交谈，侧身躺着，手伸出来，示意我坐在他床边。他处于清醒与昏沉频繁交替的状态。握着他的手,我注意到检测仪显示的各项数据之间有一些联系。心跳频率超过每分钟一百次时,他会醒来,看着我。心跳频率低于每分钟九十次时,他会沉睡几分钟。这似乎表明,他醒来是因为心跳速度太快以致无法入睡。以这样的方式"休息",当然很累。有一次醒来,他很清醒地问我:"最后,会很痛苦吗?"我回答说:"不一定,因人而异,因病而异。"他点头,表示明白。

先生是 2008 年 5 月 9 日去世的,似乎没有很多痛苦。我记得我用笔和纸与先生交谈,是 2008 年 3 月 28 日上午。那一次,先生可以坐在轮椅里,他喜欢开窗,有细雨伴着风吹进来。我们去探望先生,通常是在早晨八时至九时之间。因为蓝云曾告诉我和妻子,先生在那一段时间会处于较好的状态。我在纸上写:"舒展请我转告您两件事情。其一,您写给吴江的那封信,谈卢梭的,他重读了,有新的感受;其二,杭州那棵常看您散步的大树,他去看过,它很好。"先生微笑,他还记得当时的情形。

我在纸上写:"《文汇报》售完,我在读您和毓生先生的对话,第一部分。我还在读您的《鲁迅小集》。现在的年轻学者,许多受他的杂文风格影响,'新左派'。您 1981 年及 2006 年谈到鲁迅研究的设想。"先生表示理解我的思路,并询问海外学者的诸种思路。我又写:"历史感,必须体验,海外的学者难以有'体'验。顾准和您都承受过苦难。十力:悟。"先生回答:"顾准是承受了大苦难的。"我在另一张纸上写:"韦伯曾精神分裂症七年,他那时认识到任何一段历史及问题都可无限复杂。病愈后,有了《新教伦理与资本主义精神》。故您的思想,很重要!远非学界可了解。"这一次,那张纸,先生读了两遍。我指的是他谈逻辑不能涵盖历史丰富性的那几篇文章,涉及黑格尔《小逻辑》及他的"总念"说。我继续写:"我一直认为韦伯的'Ideal Type'理想型，其实是黑格尔的‘总念’——逻辑与历史的统一体的逻辑表述。”先生读完立即问我是否找到了贺麟翻译的《小逻辑》第一版，我说尚未找到。半小时后，先生见到蓝云，请她继续找那本书，并寄给我保存。此事的缘由是这样的，大约一年前，我和先生在庆余别墅他的居所，谈到《小逻辑》的不同版本，我告诉先生，贺麟译本，我喜欢第一版——以其“总念”翻译思路，我不喜欢其后的版本——因受列宁《哲学笔记》影响太大。可惜，我遍寻第一版而不能得到。先生说我应去他在上海图书馆的办公室里找他保存的《小逻辑》，那是商务1955年的第一版。

继续我们的纸和笔的交谈。先生问我最近思考的问题。我写："西方‘法治’在中国传统内，需要寻求文化表达。我希望将来研究此问题。‘民主’和‘自由’，是可以有不同文化表达的。”

大约二十天后，我和妻子再度去上海探望先生。仍以纸和笔交谈，我写："可是我仍担心您的思想会和顾准的一样，被吹捧多于被深切理解。”先生点头说这也正是他想到并且最担心的。我继续写："19世纪的人文精神的外在特征——宽容、自然，20世纪的革命遗产——偏激、扭曲，21世纪若有自己的什么，也是现在极难确定的。”先生拿着我写的字纸，仔细读，然后表示同意。

稍后，护士来为先生做输液的准备工作。先生回床上躺着，指示我坐在床边的椅子上。良久，时间接近中午，我和妻子向先生道别。先生的手，从被子下面伸出来，让我握住。手是凉的，他说："等我出院了就去杭州看你们。”我说："一定，我们过几天还来看您。”不等我说完眼泪就涌了出来，迫我不能回头，走出病房。

（首发于财新网，2019年10月17日，原题为《王元化和阳光大男孩汪丁丁》）

来自东瀛的中国学者李庆

“真正要忘记一个人，也是非常困难的。”这是李庆在他纪念先生的文章中发出的感叹。

是的。怎么能够忘记他们的初次相遇和交谈？那是 1993 年在斯德哥尔摩的初夏时节，在萨尔舍巴登大饭店附近风景如画的湖畔，李庆遇见了一位精神矍铄的老人：一身休闲服，脚踏旅游鞋。先生正在悠闲地散步，他们相互微笑着、礼貌地打了个招呼。四周绿树丛丛，空中白云悠悠，他们坐在湖畔的长椅上，交谈着。

听说李庆是从日本来的，又这么年轻，先生误以为碰到的是个去日本攻读学位的中国留学生，当时并没有在意。

其实，李庆那时已经是复旦大学和日本金泽大学的教授，他和先生同是瑞典皇家科学院举办的“当代中国人心目中的国家、社会和个人”国际研讨会的正式代表。会议期间，随着他们了解的加深，特别是李庆在会议上的发言深受先生赞许，他们讨论的话题就深入了。

李庆带了相机，在参加斯德哥尔摩议长在诺贝尔授奖礼堂举办的宴会上，李庆为先生拍摄了一些很有意义的照片。记得先生回国后，经常向朋友“秀”他的斯德哥尔摩会议期间的照片，有他和他的瑞典朋友马悦然、罗多弼，还有一张好像是与高行健，当然还有和李庆本人的合影。所以我见到李庆之前，先见到的是由李庆拍摄的斯城会议的照片。先生向人们介绍他的斯城之行，总会得意地拿出由李庆所拍的这几张珍贵的照片。我认识李庆本人则是在几年后的事情。

先生与李庆

先生和李庆的交往慢慢多了起来，先生得知李庆收集了关于中国“疑古论”和日本关系的有关资料，鼓励他快写出来，发表在自己主编的《学术集林》上，并让李庆担任该杂志的“学术联系人”，联系东亚方面的学者。先生赠给了李庆他的大部分著作，李庆从中获益匪浅。他也曾写了一篇《清园夜读》的书评，对先生书中所谈的某个具体问题提出不同看法。先生读后非但没有不悦，反而提笔书就一条幅：“为学不作媚时语”，使得李庆很感动，颇受鼓舞，深感这才是真正的学者风度。

当先生得知李庆在撰写《日本汉学史》时，就一直鼓励李庆。要求李庆不要做成时下“文格渐卑庸福近”（龚自珍诗）的那一路东西。他还对李庆表示，由他主持的上海古籍整理领导小组的古籍整理经费，虽然不多，但可以给予李庆一些支持。经过权衡，李庆还是没有提出申请，先生倒也没有因此不高兴。

1990年代中期，李庆回国的机会多了，常常去拜望先生，我就得以认识了这位个子不高、脑袋却特别大的，来自东瀛的才子。不过，他总说，自己是中国人，是一名中国学者。

一开始，在一群学者文化人中，我并不感到李庆有什么特别。我们礼尚往来地打招呼寒暄，并没有深交。我只觉得，他的微笑很和蔼，喜欢打趣、开开小玩笑。例如，他知道我关注他在做些什么研究，就对我说："我的研究你是不会感兴趣的。"又说："不过，我写的《池田大作传》可能适合你看，我下次送一本给你。"这是我得到的李庆赠予的第一本著作。先生告诉我，不要以貌取人，这个李庆学问可大着呢！李庆他埋头治学，以一己之力编著《日本汉学史》，这是一个要青史留名的大工程（我想，噢，当刮目相看，大学者往往都看似普通）。

李庆是较早从总体上来研究、探讨先生人生和思想的学者。李庆读先生的著作十分地投入，不像大多数人信手翻翻而已，并不作进一步思考和深究。李庆读书后，都会写下深刻的感想和书评。例如读了《清园夜读》，他写下了《秋心如潮涌——秋夜读王元化先生所著》。他评价道："此书漾溢着的对友人的深切的怀念，对于自己的认真的剖析，是我最喜欢看、使我最触动的文字。"此文发表于上海外语教育出版社出版的《中国文化与世界》第六辑。再如在《反思的历程——读王元化先生的〈九十年代反思录〉》（刊载于新加坡《新世纪学刊》2002年第2期）中，他认为，有的朋友认为先生因为发现自己长期信奉的观念的讹误而感到痛苦。痛苦是有的，但是他认为未必全都是痛苦。相反，先生更多的是会为过去对所谓的真理认识的偏颇而感到欣慰，并力图把自己人生经验所感知的和认真思考所探得的成果贡献给这个社会，奉献给他所挚爱的人们，这是超越了一般世俗功利的追求。

李庆还认为，如果说先生有什么伤感，那不应是对既往偏颇、失落心怀苦衷，而是对自己感知的真理，未被更多的人认识而感到孤独。他在日记中曾记录了胡适给雷震祝寿时引用了杨万里的一首诗：“万山不许一溪奔，拦得溪声日夜喧。到得前头山脚尽，堂堂溪水出前村。”也就是说先生的感情是面向未来的。

李庆说先生的反思，不只是逻辑推理，不仅是理性的，而是对“自我全部心灵的思考”，是把理性融汇在自己丰富的人生经验中，充溢着情感。在《读莎剧时期的回顾》一文中，先生谈到内心情感在非常时期中的冲涌：“在这场灵魂的拷问中，我发生了大震荡。过去长期养成的被我信奉为美好的神圣的东西，转瞬之间轰毁，变得空荡荡了。我感到恐惧，整个心灵为之震颤不已。”

李庆每每归国，总会到先生的客厅来坐坐，而先生则把自己的新著签名相赠。因为这是一个读得用心、深受教益的读者，是一个亲近先生并懂得先生的年轻人，也是一个先生在人生最后的十多年间，经常与之深入交流学术和思想的后辈。

李庆说，他一直记得先生在《从理想主义到经验主义》的序言中引用的鲁迅先生的话：“灵均将逝，脑海波起，茫洋在前，顾忌皆去。”先生认为在写作时，“对个人的沉浮荣辱已毫无牵挂，所以才超脱于地位、名誉、个人幸福之外，好像吐丝致死的蚕，烧燃成灰的烛一样，为了完成自己的使命感与责任感，义无反顾，至死方休”。李庆说，他每读到此都会脉张血涌。对于先生的《九十年代反思录》和《九十年代日记》，也当作如是观。那是独立的人格精神，是对人类文明的尊重和对真理的诚挚追求，也正是先生反思的根本之所在。

他认为，先生的思想和人生，有一个发展和展开的过程，从早期研究别林斯基等人的文学理论，到 1950 年代研究黑格尔的哲学，再到 1980 年代以后探讨社会政治思想；从一个文学评论家，成为一个学者，再展现为一个关心社会现实的思想家，这样的过程，显现了先生思想和人生的飞跃。先生不仅是反映当代中国文化的一个坐标，而且有着国际的影响。先生的著作翻译成日语在日本出版，李庆做了相当多的工作，其中比较难翻译的关于当代中国问题的文字，李庆还请他的日本朋友和学生参与翻译。

他每来先生的客厅，基本都在交流学术方面的所思所想，看上去严肃有余，很少会闲扯一气。先生组织的游玩活动很少见到李庆加入，想来先生舍不得让李庆虚掷光阴。对于一个有大担当的学者来说，必须要全身心投入，他的时间比别人要更加金贵！同样的情况还发生在夏中义身上。王门弟子的饭局，如果没有什么“正题”要谈，仅仅是吃个饭的“饭局”，先生就会说，就不要打搅他们了，他们更需要安安静静做学问。所以，李庆很少出现在先生召集的“大呼隆”的吃来吃去中。但是李庆来，先生更愿意留他在居所便饭。有时下楼让餐厅送上几样素净的菜肴，有时是吃我送去的合先生胃口的小菜。那时往往就李庆和先生及我，打开折叠桌子，餐具置放得整整齐齐，摆好小菜，开始慢慢地用餐，边吃边谈。不管菜好菜差，先生喜欢吃得斯斯文文，这令李庆记忆尤深。李庆说他至今还记得我给先生带去的几样小菜：清炒河虾仁、土豆沙拉、红烧素鸡、烂糊肉丝。没有推杯换盏的热闹，也不用相互应酬，但有着老父亲和儿女一起用餐时的那种温馨亲切的氛围。

李庆的《日本汉学史》5 卷本要出版了，他请先生为他题写书名。虽然先生当时已经生病，不太写字了，但还是当场吩咐我记下此事，准备好笔墨。之后，虽在病中，先生还是为李庆题写了书名。

李庆还说起过一件令他感动不已的往事，他的老父亲去世，他们家在报纸上登了讣告，并未告诉先生，但这则讣告恰恰被先生看到了，先生专门给李庆家打了电话，向他表示哀悼。李庆没有想到，先生是如此由衷地关心着自己。

随着时间的推移，李庆已成为我的老友，而且是兄弟姐妹一般的老友。李庆的母亲还健在，除了那部浩大的工程——《日本汉学史》的编著，李庆定期要回来照护他的老母亲。李庆每次回来，时间都很紧张，但他总会来个电话"报到"，得空就和先生见个面。虽然见面次数不多，交流也有限，但确实是不折不扣的君子之交。

也是无巧不成书，有一次，我的朋友王兰芳突然问我："你认得李庆吗?"我答："当然认识啦，他是我在元化先生那里认得的一个好朋友啊!"兰芳说："李庆是我高中同学！我得知他也常常去元化先生处，就问他认不认得蓝云，你知道他怎么回答?"我摇摇头，兰芳大笑着告诉我："他的回答是：'我太认得蓝云啦!'"是啊，太认得了，掰着手指头算算，初次见面的时候已经记不确切，应该不会少于十几年了。真是"亲上加亲"啊！于是兰芳高兴地要来做东，我们去小桥流水饭店小酌几杯，交情就向前更进了一步。

先生走后，李庆的《日本汉学史》也大功告成了，但是李庆仍然忙碌着。他要照顾他 96 岁高龄的老母亲，照他的话说："还有不少应该做的事情要做"，似乎还有诸多的课题要研究。即便如此，他也仍然不忘先生。先生离世一周年时，他写了《思想与往事》，回顾和先生一起时的往事和思想获益来纪念先生，此文被收在我和邵东方、夏中义共同主编的《王元化先生九十诞辰纪念文集》中。

今年春天，先生的弟子吴琦幸在美国促成了由加州大学圣地亚哥分校在洛杉矶举行的“百年‘五四’暨王元化研究”国际研讨会，李庆也放下了手头的工作，带着夫人张荣湄，和我、夏中义、楼世芳、胡晓明等漂洋过海聚集到一起，奉上我们继承先生的遗愿所做出的研究成果，一起纪念我们敬爱的先生。在会上，李庆宣读的是《独立思考的结晶——关于王元化先生〈对于“五四”的再认识答客问（手稿）〉》。李庆说，那手稿的影印件，是先生生前留给他的，他一直保存着。那几页纸中，蕴含着先生的思想光辉和他们之间的情谊。

我们的元化先生，他永远在召唤着我们，向着真理前行，一起去跋涉今后的人生。

四年，思念到永远

——记先生和夏中义

2004年开春，寒意未退，但先生表现出“热情”很高的样子。原来是一篇解读和评论他的文章，令他兴奋不已。此文将在《上海文学》杂志发表，编辑部提前送来了校样稿。此文使他越读越有劲儿，文章的作者年龄不算大，是上海交通大学文学研究所所长夏中义教授（后任该校中文系主任），之前他与先生素无个人交往。

先生对我说，能够如此“读懂”他，这样入木三分地解析他的，他尚没遇到过第二人。海内外研究先生作品的人甚多，也有不少具有相当水平的论文，但达到如此高度和深度，能令他如此服膺的，真还没出现过。先生有点按捺不住：“我要见见夏中义。”通过先生的博士胡晓明，夏中义走进了先生的客厅。他和蔼地笑着，微胖的脸个子不高，普通话带着一点上海腔，斯文儒雅。

夏中义是先生结识较晚的一位忘年交。他初访清园，是2004年春季的某一日。这位才华横溢的学者仅大我1岁，是令我望尘莫及的同龄人。

之前，先生的床头常放着一本封面黑乎乎的书——《九谒先哲书》。先生有时会背靠在床，信手翻阅。这是中义兄借函谒民国时期清华园的梁启超、王国维、陈寅恪、吴宓等9位先哲，自喻“盗墓招魂”，旨在发掘先哲掩埋在清华园的睿智、傲骨、苦泪、悔悟，向21世纪呼唤“魂（学统）兮归来”。正是这位作者，如今把笔头转向了至今健在的清华嗣哲王元化。先生审视涉及其学思的文章，眼光历来犀利，能得到他本人如此这般认同，实属不易。

中义兄对先生的诸多剖析切中要害，使先生颇感诧异。尤其是对1955年先生因“胡风案”遭遇不测，罹患了心因性精神病的深层成因，以及日后又如何痊愈的解析，中义兄的文章合情合理且层层深入，直指病根，先生不得不佩服。他问中义兄：“这病是我得的，后来病好也是我好的，连我自己也弄不清这些名堂，你是怎么知道的？”中义兄笑答：“不都写在你的书里吗？我都是从你的书里读出来的。”先生周围向他求教、问学的，号称读破万卷书的可不在少数，如中义兄这般见解独到窥破“天机”者，却前无他人。

那时，恰巧沪上的文汇出版社在为先生编辑出版《清园近作集》，先生向主编推荐了中义兄这篇将刊于《上海文学》杂志的长篇论文，改题“王元化襟怀解读”作为书名，要求把这书与《清园近作集》作为姐妹篇一起推出。

《清园近作集》收录了先生写在21世纪的文字。书中除了先生与其弟子的答问外，大部分是由我记录整理的先生的口述文章，所以由我配合文汇出版社责编陈飞雪女士编撰。中义兄的《王元化襟怀解读》中除了这篇文章外，因陈飞雪对中义兄的读书笔记也颇感兴趣，她对中义兄那些在书页空白处密密麻麻的批注有如下表述：“看到那些短仅二三字，长则数十语的‘自言自语’，跳荡着活泼的思绪和刹那碰撞的火星星，我就感到了一种问学途中可贵的沉潜心性，也体会到了他那更为难得的读书知人的乐趣。”飞雪萌生了将中义兄的《王元化襟怀解读》及其读书笔记一起出版的想法，想让读者一起分享这种深沉而美好的读书情怀。

回顾初识中义兄的那些日子，虽然没有深交，出版这套“姐妹篇”也算是首次“联手”。

中义兄被先生引为知己，相见恨晚。中义兄在上海交大新居的书斋名为“学僧西渡”，先生说他和西渡也是有关系的。在“文革”时期“五七干校”劳动的那些日子，西渡乃是先生来回市区的必经之地。先生欣然提笔为中义兄的书斋题写了斋名。

先生器重中义兄，尤为重视与他的会面。每次约见中义兄，谈话必定“一对一”。回绝其他访客，关起门单独谈，绝不容有“第三者”插足。所以他俩若交谈，我就静悄悄地靠边坐着，知趣地“消失”。如果约了中义兄要来，先生就满心期待，开始急切等候。有几次中义兄说是要来，临时又有事没来，那就急煞了先生了。我劝先生：“不等了，总有碰到意外的时候，可能什么事情缠身，来不了了吧。”先生不依，一定要打电话去中义兄家追问。当确定中义兄来不了了，先生就一脸失望，老半天提不起精神。

中义兄出现在先生生命中的最后 4 年，人的一生中，4 年好像只是一眨眼间。这 4 年对先生而言，则是缠绵病榻的夕照时光。

先生非常希望为后世留下一本满意的传记。多年来，他一直在物色适合的人选为他作传，但尚没有人使先生确认可以托付。中义兄的出现，让先生寄予了很大的希望。先生对我说，他想把自己积累多年的资料交给中义兄，但不知中义意下如何，是否能抽得出时间。中义兄像是浓云缝隙中透出的一丝霞光，先生依稀觉得有了寄托。我对中义兄说：“先生在世的时间不多了，你能否多花些时间和先生谈谈，来为先生作传呢？否则，说不定就再没有机会了！”可是中义兄坦言，自己并没有做好这个准备。当时，中义兄从华东师大调到上海交大不久，除任中文系主任和文学研究所所长以外，还担纲主编《大学人文读本》的重任，带着一支团队干得风生水起。一旦承诺写传，意味着要全身心投入几年工夫，割舍一切手头正在做的事，完全沉潜到另一创作心境，否则将力不从心。这很“冒险”。

但凡有点时间，中义兄还是会从偏远的交大闵行校区赶到瑞金医院来探望先生，与先生谈心，关注着日见衰弱的老人。

在最后的那些日子，有一次他和洪森探望过先生后共进午餐，首次提议且策划为先生筹建“王元化学馆”，以期永远地怀念先生，并继承先生未尽的“学思”事业。这个建议也是先生在弥留之际最为关心的事，后来华东师大时任党委书记张济顺在市委领导支持下开始筹建学馆。

在中义兄结识先生 4 年后，先生去世了，没能在先生在世时留下他所期盼的传记，这也是中义兄的一大遗憾。

先生不在了，然先生永远都在我们心里！这可不是一句空话。

先生走了，中义兄循着先生的学思脉络，把先生各类版本的著作翻遍了。他一头扎进先生的心路历程，翻山越岭，从文艺理论研究到 90 年代反思，从刘勰的《文心雕龙》到卢梭的《社会契约论》，从龚自珍到鲁迅再到林毓生……他都做了细深绵密的“梳篦”工作。仅是先生的《文心雕龙创作论》“八说释义”，他就引导学生做了不同时期的 6 个版本的逐字逐句通校，发现了先生在文论方面的突出建树以及不足，可谓触摸到了先生的学术理论“边界”。

一次交谈中，中义兄告诉我，他在研究先生《文心雕龙创作论》时发现，这部著作在思考的方法上显然带有苏联日丹诺夫理论模式的痕迹，先生研究刘勰时还处于 1960 年代，这是很难规避的。1986 年后，先生努力想删掉这些影响的“破绽”，一次次地修订，但这些根深蒂固的影响已深入骨髓。我大惊失色：“你可不能对外宣扬！这将有损先生的英名！”中义兄平和地笑笑：“先生有他耀眼的高度，但无论是谁，都不免有他的边界。这是客观存在的。”是啊，怎么能苛求一个人是完美无缺呢？即便是我们热爱的先生。于是，我把曾亲历的一桩往事告诉中义兄。那是在21世纪之初，先生许多著作合同期满，开始修订再版，其中有《太平天国亲历记》《读莎士比亚》《读黑格尔》《思辨录》等。我问先生：“《文心雕龙创作论》为什么不重版？那是奠定你学界地位的煌煌大作啊！”先生犹豫了一下，这样回答：“其实我自己对这本书是不满意的，如果现在让我写，那将会是另外一本书。可是，我已经没有这个力气了。”我想这段话可印证中义兄的发现。

对于《文心雕龙创作论》之缺陷，先生已经了然于心，但小修小补又无济于事。后来先生还是带着遗憾重版了。我记得重版时，负责重版这部著作的严搏非对我说，相对于其他论著，先生对《文心雕龙》研究还是较“厚重的”。

中义兄深究先生的学思著作是不做则已，要做就追问到底，不到尽头绝不罢休。我想，这样的研究精神，其实也是先生所赞赏的。

中义兄还不时鼓励我提笔追忆先生。每次见面，先生是彼此永远的话题。中义兄总是对我说，你讲元化先生的事，讲得很好啊，这些事都很有意义，为什么不让更多的人了解呢？世界上还有谁能像你一样，几十年在先生左右？你的所见所闻，为什么不用文字写下来呢！也许中义兄是中文系教授的缘故，在他的启发下，我还真的带着做作业的认真态度，开始提笔描述与先生一起走过的日子。

先生去世后，我去美国散心，在斯坦福大学与邵东方会面时，他说："我们一起为先生的九十诞辰编一本书好吗？"我说："当然好啊。"我向邵东方推荐了中义兄，希望由邵东方和中义兄来主编，我可以参与。中义兄得知此事后表示："还是请东方任第一主编，我做第二主编，国内的编务我可以多承担些。"我们很快制定了策划方案，明确分工，联系各自熟悉的作者。我们先后约请了李锐（后因故未刊）、林同奇、冈村繁、相浦绫子、张作锦、李庆、汪丁丁、丁东、童世骏等人撰稿，书名由邵东方出面请了余英时题签。还请了钱钢的女弟子，上海文艺出版社吕晨任责编，我也动笔写了《琐忆先生》。

没有中义兄的推动及邵东方的提议，我心里对先生的缅怀，不会跳到纸上与读者们分享。我没有做学术的功底，我有点怯，觉得自己只是"外行"，与这么多学者们相比，太"小儿科"了。中义兄说："还须看自己的特长。你有十几年零距离追随先生的经历，眼见耳闻，谁能与你比啊？你不必去谈学术，还是可以写出很好的印象记。""我行吗？"我还是没有把握。中义兄说："你写了，我帮你改！"有"大靠山"了，还忸怩什么呢？

这就是我《琐忆先生》的缘起。大家谈先生怎么研究《文心雕龙》《社会契约论》，我可以谈先生的衣食起居，吃喝玩乐。一个有着常人的喜怒哀乐的智者哲贤。我笔下的先生是带着人的温度的。我把初稿交给中义批阅。他为我字斟句酌，用那工整流畅的小字来纠正我文中的不足，好像并没有大块的改动。我很失望："你为什么不替我改得更加好一点呢？"中义兄说："你有点傻！你已经写得够好了。我就像一个理发师，在你原本已不错的发式上，稍作修剪，就完美了！"

此刻我明白了，只要真用心，我“原本的发式”还是很不错的。

我们如期完成了《王元化先生九十诞辰纪念文集》，我的《琐忆先生》、邵东方《尺牍书疏，千里面目——与王元化先生在一九九一年至一九九二年的来往书信》、中义兄的《铜像：会提问的眼睛——关于“王元化”雕塑的答问》都被辑录于此书，由上海文艺出版社在先生 90 冥诞那年问世。这是我第一篇纪念先生的文章。

先生走了，但我们心中的先生从来没有离开。

记得那次在先生的病房里，中义兄看见一张照片，那是中国美院女雕塑家李秀勤教授耗时 5 年，为先生做的一尊青铜胸像的照片。他第一眼的印象就是被震动。中义兄说：“能看到这雕像的实物就好了。”我说可以啊，我来帮你联系。在中国美院好友的帮助下，我们约定对李秀勤做一次采访。

李秀勤 1982 年毕业于当年的浙江美院雕塑系，1990 年在英国曼彻斯特大都会大学美术学院获雕塑系硕士学位，现为中国美院雕塑系教授，在国内外举办诸多个展，是位多产的“女汉子”。我与中义兄专程赴杭，中义兄说：“浙江美院可是我从小就景仰的学府，不是你，我没有亲临美院的可能。”我明白，我不过“穿针引线”罢了。事先得到李秀勤的作品集，中义兄备了一晚的课。第二天来到李秀勤塞满各式雕塑作品的工作室，先生的青铜塑像赫然出现在眼前。雕像那双眼睛似洞穿一切。挨着先生的铜像，采访开始，我做录音。中义兄与雕塑家从雕塑的基本知识谈起，块面、造型、抽象、具象，访谈的氛围时而流水潺潺，时而风起云涌。谈到凹凸问题，中义兄话锋一转：“你猜元化先生雕像的眼睛‘凹凸’让我想到了什么？想到了枪的准星！”李秀勤拍手称道：“是啊，先生的眼睛，那是一双会提问的眼睛，我要把它表现出来!”没想到半天的采访如此精彩。我后来是在美国期间整理出了采访的电子版文稿且传给了中义兄。不久,国家文化部的权威期刊《文艺研究》以全彩的形式刊登了配有高精度铜像照片的访谈全文《王元化雕像——会提问的眼睛》,图文并茂的编排效果其优异程度,据说是屈指可数的范例。若干年后,中义兄还请李秀勤为其高中母校上海市七宝中学复制了这尊铜像。

先生的博士吴琦幸旅美多年,一直想为先生做些事。我把他介绍给了中义兄,他们一拍即合。

2011 年暑假,他俩在我安亭路居所的客厅里,泡上一壶香茗,办了一场“王元化学术、思想三人谈”。吴琦幸事先准备好了提纲,中义兄则“借题发挥”。他们谈了先生研究《文心雕龙》的方法论,谈了先生的文论研究,还谈了黑格尔美学研究,还有先生三次反思问题,先生与胡风、先生与鲁迅、先生与李泽厚等。中义兄对先生的学思成就,以及无可避讳的“边界”问题,都做了有见解有依据的阐述。此文后来在《东方早报》发表,据此文整理出的《王元化学案综论》还在《上海交通大学学报》发表。

中义兄围绕先生的研究,总有新的成果不断问世。我们的友人、经济学家汪丁丁看到中义兄在凤凰卫视神采飞扬的讲座后,即邀请中义兄参加他在北京大学国家发展研究院主办的“跨学科讲座”,中义兄为北大学子讲了“王元化学案”。看了中义兄的讲课录像,汪丁丁很是赞赏,后又邀请中义兄参与他为大连经管学院主办的系列讲座。

2014 年 5 月,美国威斯康星大学林毓生教授来复旦讲学,他专门用了一个上午与中义兄交流,由我作陪,仍然负责录音。

林先生此前读了中义兄写的《林毓生与王元化反思“五四”》一文，曾于2014年4月初致函中义兄：“你论述元化先生与我反思‘五四’那一篇，很有分量、很有内容，文笔也很生动。看了你的大作后，我才知道元化先生是在研究杜亚泉的过程中，开始理解我的分析，并受此影响。你的分析特别指出，由于其背景与发展的实际脉络，与我的思想背景发展的实际脉络相当不同（虽然有很多共同关怀）。所以，他在反思‘五四’时，纵使受到我论述韦伯‘意图伦理’与‘责任伦理’的影响，但他对于我根据哈耶克先生以法治为基础的自由主义所进行的分析，则理解不深，也未受其影响。这一点是很准确的思想史观察，我很欣赏。我也十分欣赏你文中说的许多论断，诸如‘林毓生将其负笈留美所习得的西学，压缩为25 000字，转述给了王元化。那是王元化从来不曾系统批阅过的一部西方近代政治学简史。看得出，此‘简史’是林为其故国转型的潜在理论诉求而撰，故其编著的内涵皆能渗透到百年中国思潮的深处。’”对于这次与林先生见面，我是老友，中义兄是新朋，我们都很期待有硕果生成，《清华大学学报》也预约刊发林先生与中义兄对话的全文。我打开了录音机，眼看着他俩的交谈，和谐得像二重唱，我在另一边和林夫人祖锦话家常。待到曲终，才错愕录音带装反了，我为自己的粗枝大叶懊悔不已。后悔药无处可买，本来可以长成的果子就长不出来了。

通常，中义兄在其书斋“学僧西渡”里几近“隐居”，随便引他“出笼”乃是妄想，彼此见一面要隔很长时间。我无权勉强他放下书本，出来泡咖啡厅，聊人聚人散、花谢花开。偶尔通个电话，每每都能够分享他在探索学术世界时一程又一程的迷人风光。

有一度，我们几乎言必谈论先生。对于先生涉足过的领域，中义兄必定深入其中，再回过头来对先生加以详析。往往是先生的一个脚印踏在了某一点上，中义兄就会把它当作一座山翻它个遍。我说："夏中义，为了先生的一个观点，你简直就要去开一座矿！"例如他告诉我，他因王元化写过《龚自珍思想笔谈》而开始细读龚自珍，他看到这两位在不同时代"横以孤"的思想家，竟然能在思想史上以同样的个性频率产生共振。他告诉我，他找来先生曾读过的卢梭《社会契约论》汉译本，以精确解析先生九十年代反思"公意说"的依据；他告诉我，他正在读林毓生的《中国传统的创造性转化》《中国意识的危机》等著作，已确认先生对"五四"的反思，是受到林先生观点的启迪……没有谁的电话能具有如此"含金量"，因为这都是中义兄从不间断的学术思考。

2019 年 5 月，由吴琦幸召集，在洛杉矶举行"百年'五四'暨王元化研究"国际研讨会。为了纪念先生，中义兄欣然走出了书斋，与我以及楼世芳、刘锋杰（苏州大学教授）结伴远渡重洋，去大洋彼岸赴会，同时商定去威斯康星大学探望先生的挚友林毓生教授。

为我们旅美，不辞辛劳地兼当驾驶员、翻译、导游、会务工作的，是我早已定居西雅图的妹妹蓝江博士。我们一行 5 人，先到洛杉矶参加这次国际研讨会，然后一同飞抵丹佛。

在丹佛的翌日清早，蓝江驱车载我们前往林先生处。那家养老院古典庄重，祖锦在门口迎候，林先生也早早地在房间里期盼着。见了我们，他笑得一脸灿烂。他的状况比我们预想的要好，脑子一点没有糊涂，和我们一一亲切握手拥抱。

会谈安排在养老院的图书馆，窗明几净，大皮沙发很舒适。我们把林先生从轮椅扶到沙发上，祖锦端来了热咖啡。会谈开始，中义兄发问，林先生作答。他思路清晰，一口北京话抑扬顿挫，毫无病态！我们明白，林先生对先生“五四”反思所起到的关键性启示。如今先生已作古，林先生也到了病魔缠身的晚年，说不定就没有了“下一次”会面了！快到午餐时分，我们向林先生、祖锦辞别，他们却主动邀请午休后可以再采访。

下午，还是在图书馆，林先生早已坐在沙发里，斜阳辉映着银亮的白发和他的笑容。这会儿轮到林先生问，中义兄答。中义兄似乎对先生与林先生于思想史所涉及的点点滴滴，什么都记得，谈锋很健。除了中义兄，林先生大概没有势均力敌的谈话对手了。想起2008年1月中旬，林先生从香港赶来与先生在病榻畔作最后的对谈。而那时节，面对林先生的滔滔不绝，先生的回应已显露出体力和精力方面的不济。看来我们来得正是时候，病魔还没有来得及摧毁这位值得我们敬仰的大学者的思维。

2019年，我与夏中义于美国丹佛采访林毓生先生

离开了丹佛，蓝江飞回西雅图，我们则绕道旧金山回沪。

中义兄仍在一本本啃着他规划好了的新著，密密麻麻地在书页上记录着闪亮的“小星星”，然后亮出他触类旁通的新发现。或许不管研究什么，他都不会忘怀先生，对先生的研究似是中义兄永远的大课题，因为，他们是彼此心仪的“知音”。这样的“知音”，世间不多。

（首发于财新网，2020 年 3 月 20 日，原题为《王元化和后来居上的知音夏中义》）

“听戏知音”翁思再

“梨花开，春带雨；梨花落，春入泥……”，这首哀怨而又华美的《大唐贵妃》主题歌《梨花颂》，如今已在五洲四海传唱开了。《大唐贵妃》的剧作者是翁思再，先生说他这个名字出自《论语》“再思可矣”，因此我们都随先生叫他“思再”。思再堪称是先生的“听戏知音”，他不仅让先生晚年可以经常听戏，还配合先生完成了关于京剧和传统文化研究的课题。

先生客厅里的来客，上有各级领导、学者名流，下有慕名而来的文化爱好者，在这林林总总的各色人等里，思再似乎是一朵“奇葩”。他被先生喜爱有加的原因，并不是那个正儿八经的大记者身份，而是他是长于演唱余派老生的京剧迷。思再骨子里浸透了西皮二黄，一度在东北“下过海”。先生说自己孩提时起就被父母抱着去戏园子，着实在北平听过不少名角儿(北京老观众称看戏为听戏)，以至到老年时都“本性不改”。先生和思再因此成为一对趣味相投的忘年交。我初识思再是在1990年代中期，那一天他和先生在客厅里欢声笑语，我的到来打断了他们的话头。先生给我们做介绍：“这位是翁思再，他是《新民晚报》的文化部主任，是一个对京剧研究很有水平的‘资深票友’，有关京剧方面的问题，我常常要请教他的。”思再站起身来对我点头微笑。他中等个头，带着一副镜片厚厚的眼镜，肤色白净，儒雅中透出一股书卷气。我们握了手，他说：“你一定就是蓝云吧，我早就闻此芳名，你帮先生做了很多事情，谢谢你啊！”他的声音富有磁性，很好听。他告诉我前两年报社派他去北京做驻京办事处主任，现在回到上海本部工作，又可以常常过来探望先生了。原来1980年代中期先生离开了部长岗位后，日子过得难免空寂，这个时候先生的老兄弟——晚报的总编辑束纫秋就带思再登门，把这位自己器重的下属推荐到了先生身边。束伯伯告诉思再，因为先生喜爱京剧，希望思再能为他的生活增添一份乐趣。如果能够引发他的理论兴趣，那就对振兴京剧也有好处。从此以后，但凡外来角儿或剧目来沪上演，思再就会来告知先生看点在哪里，还会信手拈来京剧圈里的往事和“八卦”，令先生听得津津有味。思再还找来好戏的录像带供我们随时欣赏。记得有一回思再拿来一盒录音带，先生听完叫好之余，产生疑问：“这是余叔岩的哪个版本啊？”思再大笑：“先生啊，这是本人模拟余叔岩之作，您今天不是过奖，就是耳拙了！”先生伸出大拇哥连连夸赞。思再一度在《新民晚报》文化版开过专栏，署笔名“范余馆主”，常有关于京剧的短论，见解老道，言语有趣。先生很爱看，因此每当晚报送到，先生往往先翻文化版看有没有“范余馆主”。后来思再被调到特稿部写大块文章时，先生说思再“扬短避长”，不仅要求他回文化版面，还曾想对晚报领导提出调思再到副刊去开专栏，每周出一次“范余馆主”。然而束伯伯却不以为然，他认为，一个好的新闻工作者应该是十八般兵器样样精通，光是“范余馆主”岂不屈了思再的才气。

有一度思再每天下午都来，师生二人在客厅里长谈。原来在先生的鼓励下，思再除了办报唱戏也在进行文化研究，开始编《京剧丛谈百年录》。这本书集中了百年以来有代表性的论文，陈列了五四新文化运动以后各位学术大师对京剧的看法，反映了一个时期的理论、议论和争论的概貌，还进行了反思、提炼和归纳，着重从文化角度来观照和总结京剧发展的规律。先生亲力亲为，给思再当“教练”，帮助他对材料整理归类，爬梳剔抉，教他如何访求，如何选编。思再则边听边记，时而会捧来一摞摞书籍或资料，令先生也同样沉浸其中。我在旁边听到过他们的讨论，诸如“大传统与小传统”“模仿说与比兴说”“善入善出”“虚拟性、程式化、写意型”，等等。在这个过程中，思再逐渐悟道，他说：“观千剑而后识器，聆千曲而后晓声”。就这么埋头苦干了几个月，一本 80 万字篇幅的《京剧丛谈百年录》编就了，与此同时先生的《关于京剧与传统文化答问》长序也成文了。这是先生跨越自己原来研究领域的新课题，而思再也实现了束伯伯把他介绍到先生身边的初衷。《关于京剧与文化传统答问》先在刘梦溪主编的《中国文化》杂志发表，后来陆续被其他学术刊物转载或引用，收进了先生晚年的学术成果之中。我想，如果没有思再来到先生身边，那么先生的煌煌著作系列中虽有文艺批评、思想史研究和各种反思文章，但不会有对京剧理论研究这个领域的开拓。

《京剧与文化传统丛谈》封面

这些日子我们是忙碌并快乐着的，友情日增。逸夫舞台是我们经常光顾的地方，有时张可阿姨同去，一起看过《投军别窑》《锁麟囊》《失空斩》《打棍出箱》《贵妃醉酒》等。张可阿姨得病后记忆力减退，可是这些从小接受的文化熏陶渗透在她的骨子里，她会边看边给我说戏，如数家珍，头头是道。先生不赞成戏改，对现代戏颇多微词。思再虽也是传统戏的捍卫者，但对现代京剧运动时期的音乐创作经验持肯定态度，于是他们之间有时会产生争论，不过只要一唱余叔岩就会握手言欢。

这里还须要补叙一下我们一起听戏的故事。思再对先生晚年生活的贡献，还在于把以前文人搞“堂会”的传统引入“王门”。在他的策划下，我们会经常找个优雅的场所，和先生一起击节欣赏，接受京剧的熏陶。记得提供场所的有社科会堂、吴越人家、浦东干部进修学校等地。那些常被思再请来朋友，唱老生的有言兴朋、王思及、奚中路、李永德、刘佩君、王珮瑜等，唱青衣的有李炳淑、赵群等，唱花脸的则是他的妹妹翁思虹。记得司鼓席上坐过周信芳的鼓师张鑫海，经常来担任琴师的是小伙子陈平一。在这些“堂会”上往往先由先生点戏，有时他兴致来了也会亮开嗓子唱上一曲。堂会结束后先生会请客慰劳演员和琴师。先生会叫所有在沪的弟子们来听戏。其他受到邀请的除了束伯伯和我父亲蓝瑛以外，总有华东师大的徐中玉、钱谷融、张德林、汪寿明等，还有李子云、闻玉梅、邵敏华、林其锬、陈念云、丁锡满、诸钰泉、张寅彭等老朋友，记得还有几次裘锡圭、章培恒、朱维铮等复旦教授也在座。这样的活动有时会实行 AA 制，由我负责收“份子钱”。记得有一次先生学着《打渔杀家》里的戏词嚷一嗓子：“催讨渔税银子的师爷来啦！”

这里再说一个戏痴顽童的轶事。有一阵子，市里要求思再编写新戏以响应上海国际艺术节要求。思再策划了一部新戏叫《中国贵妃》，意图是用新的包装来传承梅派的《太真外传》和昆剧《长生殿》里的传统唱段，期待吸引年轻观众。先生知道后对思再说：“好事啊！我来给你做‘军师’！”于是先生提出了一堆建议，包括《中国贵妃》的名字不大像京剧，可以改得“平夷高雅”一些。后来根据先生的提议，这个戏在创作过程中一度改名《长恨歌》。先生要求思再尽量多的保持原汁原味梅派唱段，并告以自己当年和杨村彬、俞振飞等讨论《长生殿》的往事，提出一些思路和观点供思再参考。可以说思再是带着先生的厚爱和期待来编这出戏的。

记得是在 2001 年 11 月 1 日，《大唐贵妃》彩排在深夜进行，我和王门弟子来到上海大剧院“蹭戏”。拉开大幕，眼前梨花满台，华清池烟雾氤氲，贵妃出浴，交响乐伴奏——这出戏分别由梅葆玖、李胜素、史依弘三组演员饰演杨贵妃，由张学津、于魁智、李军饰演唐明皇。满台生辉，交响乐响起了华彩乐章，许多现代的手法运用其中。第二天，先生见我急切地问道：“戏演得怎么样?”我说：“极好，上场的都是角儿，唱得好，扮相好，舞台设计也好！就是深夜入场出了些小波折。”“好好好，你就会说好，看什么都是好的!”我分辩说：“先生您别以为我偏向思再，我是真的认为这个戏好。”原来对这个戏的批评声也传进了先生的耳朵，有人说思再是在糟蹋传统，甚至舞台上还有杨贵妃“裸浴”的场面！先生气极了，责备思再“乱来”。我代思再分辩说：“舞台上并没有杨贵妃裸浴，不信你自己去看一遍?”先生说：“这种戏我是不要看的!”我说：“王伯伯，你看都没看，凭什么妄下判断。”先生再次强调说：“不看也罢，提起来就生气。”就这样，满腹委屈的思再登门少了，先生也没得听戏了。次年的先生生日仍由我来操办，地点在浙江省驻沪办的餐厅，理应得请上思再的，其实我知道先生心里是想见思再的。席间大家有说有笑，间或请谁来上一个即兴表演助兴。我为了缓和“寿星”和思再之间的关系，提议：“请思再唱一曲《梨花颂》!”于是思再应命放喉：“梨花开，春带雨……”唱毕四座鼓掌叫

2003年左右摄于庆余别墅，左起：蓝云、王元化、刘曾复、王思及、翁思再

翁思在、吴琦幸探望病中的先生

好。不料先生板起脸来对大家说:“什么意思啊? 这是在向我示威吗?”此刻众人面面相觑,亏得束伯伯出来打圆场才缓和了气氛。大概过了将近一年,电视里播出《大唐贵妃》,正好无人来访,先生就有一搭没一搭地看了这出戏。谁知看着看着,他感到出乎意外,这个戏确实很好看啊。他尤其推崇思再以音韵学的功底,为《长生殿》设计的李隆基唱段中化用了余叔岩的《摘缨会》,改词而基本不换腔。原来这出戏并不像嚼舌头的人所说的那样乌七八糟,而是以别树一帜的样式保留了传统元素,完全符合先生“以西学为参照而不以西学为标准”的一贯主张。先生看完全剧,就立即给思再打电话说道:“你写的戏是成功的,我以前看都没看就否定了你,这是我的不对,我向你道歉。你有空还请经常过来,我想听你唱戏啊!”从此这一对“听戏知音”重归于好,先生的客厅里又经常充满欢声笑语了。

思再有一位重要的教戏老师是北京的刘曾复教授,有一次趁刘教授南下,思再安排先生和他见面。那天先生早早穿戴整齐,坐在客厅恭候。及至这位年届 90 的清华学长来到时,先生主动行礼,彼此三鞠躬,极其率真,这样的老辈作风令旁边的弟子们深受感染。刘曾复先生不仅能够唱念做打,还有既深入又新颖的理论见解。刘先生还谈及清华往事,和先生颇多共同话题,两人相谈甚欢。先生留饭,我们还一起合影留念。

天下没有不散的宴席。回首往事,令人感叹唏嘘。晚年的先生百病缠身,经常住在医院,尽管无力听“堂会”了,但还是编了一册《清园谈戏录》,里面有着和“听戏知音”共同切磋的篇章。先生直到生命的最后阶段仍然不能忘情于京剧,在病榻上对思再耳提面命,深情嘱咐把“京剧与传统文化”这个课题继续做下去。

(首发于财新网,2019 年 12 月 3 日,原题为《王元化的“听戏知音”翁思再》)

走近顾准

——先生和高建国

高建国是我大弟弟蓝泉青少年时代的好友，因此，我和他很早就非常熟悉。

在我眼中，高建国一向很重感情。

头一桩往事，可以从他的母亲钟石川阿姨说起。钟阿姨和我母亲一样，是位早年参加革命的女干部，也是一个非常爱孩子的可亲的女性。记得上山下乡的年月，大家日子都过得紧巴巴。可是，每年冬天，当高建国和蓝泉等人从外地回上海探亲时，钟阿姨都会特意烧一桌丰盛的家宴，让高建国邀请平时散落在各地的朋友来家中聚聚。于是，大弟弟蓝泉就领着小弟弟蓝石一起去赴宴；同去的还有一群父母亲受到冲击迫害的年轻人。很多年，钟阿姨和高建国从不忘记安排这餐年饭。这样的情分，在严酷的“文革”年代，使大家倍感暖心。

而刻在我心里的感动，还有一桩难忘的往事。

1966 年底或 1967 年初，十六七岁的我，因妄议“文革”获罪，被我就读的南洋模范中学造反派打成“反动学生”。在临开批斗会的前夜，高建国闻讯急匆匆赶来我家，非常担忧和不安地对我说：“你赶快走吧！上海局势这么乱，有些人说骂就骂说打就打，什么事情都做得出来！你现在就走，去外地亲戚家避避吧！”他再三恳劝。可是，我也很执拗：“我又没有犯什么罪，如果逃走，不就让他们有了借口，说我是‘畏罪潜逃’吗？”虽然我还是选择上批斗台挨斗，但是，高建国超乎一般小伙伴的关心，确切说是“心疼”，我没齿难忘。

后来他闯荡江湖，曲曲折折回到上海。我知道他在1980年代早期写了一篇数万字的传记——《墨海浮沉记：悲剧人物陈布雷》（和友人合作，由他统稿），当时在大陆，这是最早大篇幅介绍蒋介石幕僚长陈布雷生平事迹的文字，发表之后影响颇大。而我那时公事私事、大事小事忙忙碌碌，和他联系很少。

大约在1994年冬，高建国给我打来电话，说想结识元化先生。他主要是想邀请先生翌年去北京，参加中国社科院将举办的顾准先生（1915—1974）诞辰80周年纪念活动。他那时在一家媒体工作，参与筹备活动。我答应高建国尽力促成此事。

然而，我不知道对择友和会面都很严谨的先生，是不是愿意见高建国，我得去说服他。我就先向先生说了“文革”年代小伙伴间曾有的老交情，先生听了那些往事也很感动，判定“小高”是个可以结交的朋友；我又告诉先生，顾准的弟弟陈敏之先生是高建国的姑父，所以高建国对顾准的情况非常了解，也帮助陈敏之做了很多工作。现在他们正协同中国社科院的学者，筹办纪念顾准的学术研讨会，希望先生届时能给予支持。先生不假思索地答应了这个要求，并十分愿意和正筹写顾准传记的高建国见面谈谈。

顾准在抗日战争期间，曾担任中共江苏省委的地下文化救亡运动负责人，是先生的直接领导，彼此关系融洽。1990年代，先生曾两次为顾准文稿的出版出力。我听先生说过这事。

1990年代初，陈敏之先生拿来一大叠顾准的珍贵手稿，请先生阅读。这些手稿是1973年到1974年间，顾准身患癌症逝世之前，应胞弟陈敏之要求，断断续续写下的多篇通信体思想笔记，写作时并不准备发表。先生细读之后说，顾准才气横溢，知识渊博，见解深邃；手稿已自成系统，堪称近年来所读到的最好的一本书。先生并说，许多问题一经顾准提出，就会促使读者去思考、去反省，并检验由于习惯的惰性一直扎根在头脑深处的既定看法。顾准手稿的深广启示，使先生对自己一向从未怀疑的一些观点也发生了动摇，以至考虑要把自己曾经写过的文章删除或改写。先生说，顾准的这些文字，就是具有这样强大的思想力量！所以，先生和陈敏之先生一致认为，应该把顾准的手稿变成铅字。

先生为此动足了脑筋。但是，1992 年由香港三联书店推出的第一个合编本《从理想主义到经验主义》，却由于种种原因，未能将顾准的论文收全，留下颇多遗憾。经过一番曲折，先生又于 1994 年，委托他的博士胡晓明，去与贵州人民出版社接洽，终于在当年使全本《顾准文集》出版，国内读书界顿时形成一片阅读热潮。

话再说回来。1995 年初的一天晚上，高建国约上我一起去拜望先生。我们准时到达，先生却已经坐在家中的客厅等候。先生觉得事关顾准，必须郑重对待。高建国可谓借到了东风。

当晚，高建国谈了许多他通过采访获知的顾准后半生经历。

顾准这样一位 1935 年就加入中国共产党的知识分子干部，却在 20 世纪五六十年代两次被错戴“右派”帽子，发配劳改（改革年代获得彻底平反并恢复名誉）。“文革”非常岁月中，他的妻子汪璧，经受再三打击，不堪重负而绝望地自杀；他的几个子女，也受大环境影响，和他划清界限离去。晚年的顾准孑然一身，又身患癌症，过着孤独凄凉的生活。然而，顾准虽然深陷万般苦难，却从无一日停止思考。他在北京斗室，以抱病之躯挥笔不止，给居住在上海的胞弟寄去一篇篇具有历史穿透性与前瞻性的读书笔记，譬如关于希腊城邦制度的启示等。在“文革”黑暗的日子里，这样的文稿，也许今天写出来，明天就会被抄没，甚至招来横祸。但是，顾准却以罕见的胆识与毅力坚持写作，直至生命终结，为后人留下大量弥足珍贵的思想结晶，使我们可以知道，那个时代的中国知识精英是怎样做人做事、认识世界、探求真理，在思想学问与精神风范方面都无愧于人类的！

高建国还说，在顾准变成“反革命”，屡次遭受危难的那几个时段，他所在单位经济研究所的不少领导和专家学者，如孙冶方、骆耕漠、林里夫、赵人伟、吴敬琏、张纯音等，是怎样不避嫌疑保护和照顾他的。“文革”中，科研人员下放干校，就连张纯音带去河南农村干校的未成年女儿咪咪（徐方），也受母亲感染，成为顾准的崇拜者和小帮手。1974 年隆冬，顾准在北京蜗居，连续大吐血，病情危重而住进医院。经济所那些友人无论老少，除了在秦城坐牢的孙冶方外，都自发地一个个轮流去医院，探望和照顾这个不幸而非凡的“罪人”，全然不顾将会受到什么样的牵连。在顾准生命的最后关头，经济所看管知识分子的革委会和工宣队负责人也被众人打动，出面去找顾准的子女，希望他们来医院看看自己的爸爸。顾准自知已处弥留之际，非常想和孩子们见上最后一面。这个铁骨铮铮的硬汉，为了能实现这一愿望，在友人劝说下，十分勉强地在革委会代拟的“右派摘帽认错书”上签了字，却因临终违心认错受辱而痛苦地流泪。可是，他的孩子还是一个也没有来……

高建国的叙述，一桩桩一件件，都牵动了先生的心。夜深了，万家灯火熄灭，先生的客厅里还亮着灯光。顾准，一个极其了不起的智者与哲人，他历尽劫难的人生传奇大故事，使我们都听入了神，忘记了时间。但是，一个夜晚怎么能说得完呢？且听下回分解吧。

这样，高建国连续几个晚上，都去先生的客厅说顾准。我有幸陪着先生聆听，天天都是尽兴方散。

先生认真地对高建国说："小高啊，你应该写！把这一切全都写出来，写成一本顾准全传！你一定能够写好的！"高建国挠挠头皮，含糊回答："出这样一本全传，可不是件容易的事情啊！"我知道，他费神耗力写过三大篇不同题目的陈布雷传记，笔力已健；但其中一篇曾惹出些麻烦，大约为此多一层顾虑。然而，先生却不肯松口，再三鼓励高建国："你掌握了这么多可贵的资料，你有责任为顾准做一部全面的传记！我一定尽力支持你！"我也在一旁附和："顾准的一生太感人了，不写成全传太可惜。我也支持你写！"先生和我热切的鼓励与期待的目光，使高建国有些心动了，他说他考虑考虑。然而，这将是一部多么厚重的书啊！怎么样才能写得好，高建国那时心里确实也不很有底。

不久，就到了中国社科院召开顾准诞辰 80 周年纪念会的日子。1995 年 3 月 17 日下午，先生偕同高建国飞往北京，下榻利康饭店。第二天清晨 5 时，先生就醒了，卧床翻阅《顾准文集》，精心地为会议发言做准备。高建国则负责联系会务诸事，并照顾先生的生活起居等。

纪念会于 3 月 18 日上午，在中国社科院学术中心隆重举行。与会者有张劲夫、徐雪寒、骆耕漠、杜润生、雍文涛、李人俊、周光春、王洛林、李慎之、于祖尧、巫宝三、洪克平等；还有顾准的子女和顾准晚年的小朋友咪咪等。先生和吴敬琏先生等专家学者，都在会上作了重要发言。

会后，先生又在高建国陪同下，登门拜访此次活动的发起人、思想学术界前辈骆耕漠和徐雪寒先生。两位老人与先生商讨如何进一步研究和推介顾准后，便都以父执辈身份，面命高建国接受撰写顾准全传的任务，并当即提供多种采访便利。于是，高建国托人护送先生飞返上海后，便留在京城深入采访近 20 人，获得许多鲜活珍稀的素材和诚挚有力的支持。他因而信心大增，下决心写好这本顾准全传。

这次北京之行，先生和高建国朝夕相处，几乎无话不谈，大大拉近了距离。先生回来后，一提起北京的活动，总是在我面前夸奖高建国："小高很体贴，很细心，照顾我真是很周到。比我那几个学生强！"先生还赞扬他："能力很强，很会办事情！"

1999 年 11 月摄于杭州，左起：柴俊为、蓝云、王元化、高建国

从此，先生的客厅和工作室里，便经常出现高建国的身影。先生有些学术方面的事情，也会布置他去做。高建国就这样融入了先生身边的朋友圈，和大家相处得十分友好。同时，他那项浩大的工

程——顾准全传的写作，也在先生敦促下逐步推进。

先生每次见到高建国，首先要问：书写得如何了？高建国却总是笼统回答：“还在进行中啊。”先生和我都觉得，高建国不是一个靠运气讨巧的人，而是一个踏踏实实的实干派，并且是慢工出细活的人，于是便耐心等待。反正他是开弓没有回头箭，被赶上了架的鸭子下不来。

高建国没有让先生失望，他那几年一直利用在媒体与文化企业工作之余，坚持采访与写作，先后采访的知情者达 60 余人，收集的史料堆积起来超过一人高。

1999 年初，一天傍晚，先生在衡山宾馆的工作室门铃响起。我去开门，只见高建国满脸笑容站在门口，他径直走到先生身旁，递上一大叠打印文稿，封面上是四个大字：“顾准全传”。他恳切地请先生审阅，给予指正。然而，先生那时一目患青光眼已盲，另一目患严重白内障弱视，读写已基本离不开我的帮助，便命我担任第一读者。高建国对此虽有不悦，却也未吭声。

我回家放下手头琐事，开始阅读，没有想到立即就被这本 50 多万字的《顾准全传》吸引住了。

顾准年仅 12 岁，刚读到初二，便因家道中落失学，被迫去潘序伦会计事务所当学徒。他由于勤奋和天赋，几乎无师自通地成为会计学家，19 岁即出版中国第一部《银行会计》专著（修订后成为大学通用教材），名播海内。他 20 岁那年秘密加入共产党的地下组织；之后，又放弃在上海租界担任教授与会计师的优越富足生活，奔赴艰苦危险的新四军农村根据地，直接投身抗日烽火之中。他异常突出的知识分子长处，使他在革命队伍中屡屡脱颖而出；而聪颖骄傲直言等才子特点，也使他多次招惹麻烦。

顾准1949年才34岁时，出任新上海首任财政局长与税务局长，并兼市政府党组领导成员，成为副市长候选人；1952年，却在“三反”运动中，因思想问题被撤销一切职务。他于1957年发表中国第一篇阐述社会主义市场经济理论的论文，公开挑战“神圣”的苏式计划经济体系，并提出其他不同意见；次年即在中科院综考委副主任职位上，被康生点名批判，打成“反党右派”。1962年，他好不容易获得“摘帽”，脱离劳改环境，被孙冶方安排在中科院经济所当研究人员；1965年又因“出格”的“右派言论”，被康生再次打成“极右派”，发配劳改；随即在“文革”中遭遇家破人亡的灾难，坠入“十八层地狱”。但是，晚年的顾准，却一直在风浪中坚持着，思想境界和人格魅力都因灾难磨砺而升华。简直可以说，是苦难造就了他，使他成为一个非凡的思想家。

我从晚读到早，从早读到晚，手不释卷。吃饭了，匆匆扒上几口，上床后，却又倚枕而读。我已不知多少年没有为读书而熬夜了，却为这本“顾准全传”读了整整一天一夜！

当我将“顾准全传”书稿奉还先生时，先生大为惊讶：“你看完了？这么快！”我说：“我是一口气读完的。一旦打开这部书，就放不下手啦。”先生问：“写得这么好？”我答：“是的。不然，我怎么会主动‘开夜车’呢？”先生沉吟片刻，说道：“再好的书也有不足之处，哪里可能十全十美呢？你对我讲讲缺点是什么？”我如实禀告：“表述似乎不够生动，有些地方显得平铺直叙，缺乏新意。比如说到孩子出生，就是‘呱呱坠地’，诸如此类。”先生笑道：“哦，那叫作‘陈词滥调’，很多人都有这种毛病。写东西嘛，要有自己与众不同的表述方式，叫他改就是了。好，你这么着迷，我不能不亲自读一读了。”

于是，先生和高建国约定，以自读和听读结合的方式，审读“顾准全传”。谁知，刚开始审读不久，先生便因流感复发住院。但是，先生病卧于床也不肯停下，便让高建国每天安排时间，去病房里诵读，工作量大小视先生病情而定。这事，在先生的《九十年代日记》中有记载。据高建国告诉我，先生每天听读，随时都有具体的修改指示。但是，当读到顾准病逝那一章时，先生不断流泪啜泣，难以言说，以致听读工作停停续续，最后，先生竟失去控制，掩面奔进卫生间内，号啕痛哭达十数分钟，并边哭边喊：“顾准！顾准啊！……”先生被如此感动，前所未有！

高建国遵照先生嘱咐，又认真修改了约半年，终于在 1999 年夏脱稿，书名定为《拆下肋骨当火把：顾准全传》（以下简称《顾准全传》）。据高建国介绍，那个动人心魄的眉题，取自李慎之先生纪念顾准文章所引泰戈尔诗句。虽然这本书不是我的成绩，我却为它即将问世由衷欢喜。

《顾准全传》的出版可谓一波三折。先生与高建国起初的设想是，在内地与香港各出一个版本。然而，书稿在内地数家出版社转圈，久无回音。香港方面经魏承思、吴洪森等联系，也不得肯信。后来，上海文艺出版社的陈保平总编辑等领导获知后慧眼识珠，立即决定将《顾准全传》作为重点图书出版，并指定该社资深编辑高国平担任责编。高国平睿智地提出把两个版本合二为一，并撰写了约 8 000 字的编者记，使书稿顺利通过有关程序。

先生不顾身处病中，亲自给《顾准全传》作序，时在 1999 年 11 月，先生 80 寿辰即临之际。

先生这次的序，作得颇为特别，是一封写给高建国的信，在信中漫谈《顾准全传》的读后感。高建国从先生处得到这封信，很是诧异："你不是答应要给我写序吗？这是一封信啊。"先生却点点头，说："这是一封信，也是一篇序。顾准用通信体笔记写著作，我这次就仿效他，用一封信为你这本《顾准全传》作序。再说，我对序跋的陈旧形式，也已经感到厌倦，序跋的体例为什么就不能创新呢？"于是，《顾准全传》就有了一篇别出心裁的通信体序言。

先生为《顾准全传》所作序言，寓意丰富而深刻。先生回忆起他和顾准相识在 1939 年，但是他对顾准的经历只知道一个大概的轮廓，生活坎坷、历经磨难，从《顾准全传》中才得知"他的遭遇竟如此悲惨：意外的株连，两次被打成右派，三年灾害时期的劳改苦役，狱卒的蛮横，人格的侮辱和肉体的摧残，饥饿，疾病，家庭的不幸，离婚，妻子的自杀，子女断绝亲情，最后的绝症……种种不幸一股脑降在他那毫无防御的头上，好像要让他饮尽人生的苦酒。但他并没有躺下去，偏偏在非人的生活中挣扎着，活下来，而且还不停地读写，直到因癌症去世。这种非凡的毅力可以说是达到了人们所能达到的极限"。

在序言中，先生提到：

> 它使我们进一步了解这个在困难中迎着压力而不屈服的硬汉，却具有一副富于人性的柔肠。像他这样一个珍视家庭亲情的人，一旦因为说出了浅人庸人所不懂的真理，就被置于万劫不复之地；而且不是由于他的过错，也不是由于妻子儿女的过错，却必须去承受妻离子散的人间悲剧，这将是怎样的一种酷烈的精神酷刑！它比肉体上的痛苦和折磨更为可怕。当我们谈论顾

准的为人时，如果在这些细节方面注意不够，表述得不充分，那就会失去对他的精神世界的更深发掘，而这恰恰是我所读到的那些充满豪言壮语的文字所不懂或忽略不顾的。

先生对高建国肯下心力、踏实做学问的精神给予了好评。这一点先生也写在了他的序言里：

我并不是说你有什么了不得的思想，而是赞赏你的勤奋和认真。在阐述顾准某一观点时，你将来龙去脉都仔细地考虑到，为此你阅读了大量有关资料。你的书对于一般不是从事理论研究的读者大有裨益，可以使他们逐渐去领悟顾准的思想。比如顾准书中所谈的古希腊斯巴达精神问题，对于大陆的读者就具有启迪作用。我们一直赞扬斯巴达的集体主义精神。小时候我曾读过鲁迅的早期论文《斯巴达之魂》，这篇文章写得热情洋溢，令人神往。在苏联，斯巴达的名字也成为光荣的称号，甚至有的足球队也以他命名。而你根据顾准的论断，阐述了斯巴达如何从集体主义陷入了专制主义，这些地方都做得很好，就是对于今天大陆读者来说，仍具有一定的针对性，这才是踏踏实实的启蒙工作，而不是把启蒙当作空洞的口号。

21 世纪的钟声敲响时，上海文艺出版社推出了高建国的《拆下肋骨当火把：顾准全传》。《顾准全传》出版当月，便从6 500 册加印到 20 000 册，实为出版界罕见。

先生喜悦之余，命高建国将《顾准全传》广泛赠阅，听取意见；并再购50本，由他来拟定赠阅名单，譬如赠送海外的林毓生先生等。

李子云素有“苛刻的评论家”之称，这次却主动为《顾准全传》撰写书评，发表于褚钰泉主持的《文汇读书周报》。子云姐写道：“在文坛一片浮躁喧嚣之声中，读到了《顾准全传》，让人享受到难得的沉静。”这本700多页的《顾准全传》，“使我们看到一个先行者的悲剧”，该书“生动地记录了顾准先行者的思想，给人教益很多”。

朱维铮先生阅读《顾准全传》后，把顾准誉为中国一代优秀知识分子的代表人物。朱先生并从史学家的角度，与高建国反复讨论马克思关于中国“亚细亚特征”的论述，以及顾准的相关看法，鼓励高建国撰写《顾准最大的理论贡献是什么》，刊载于《读书》杂志，以期引起学术界进一步关注与研讨。

原中央顾问委员会常委、国务委员张劲夫先生，是顾准在上海抗日时期的老战友。张老阅读《顾准全传》后，做出一个很不寻常的反应。老人家九旬高龄，亲自动手编了一本“奇书”《嘤鸣·友声》①，把他自己二十几篇文章，作为“嘤鸣”，然后再加上几位友人的十几篇文章，作为相和的“友声”。“友声”第1—4篇文章依次为：高建国的《顾准全传》后记《中国有顾准》，王元化的《顾准全传》序，陈敏之、李慎之纪念顾准的文章各一篇。张老以此大力推介顾准与《顾准全传》。

我曾几次向高建国祝贺《顾准全传》的成功。他却总是淡淡地说：“传主自身的事迹和价值使然；再说，还有元化先生和这么多前辈指导，包括你在内这么多朋友支持。我只是尽量真实完整地再现传主一

① 张劲夫编著：《嘤鸣·友声》，中国财政经济出版社2004年版。

生而已。”我赞赏他的谦虚，然而“真实”二字对于著书人来说，谈何容易啊！

《顾准全传》出版后，高建国便被先生称为王门弟子，时时伴随在先生身边。先生不少活动都带着他去参加，如与冈村繁、林毓生、龙应台等人的晤谈；有些文稿也委请他帮助整理。先生经常打电话去高建国家里，如果他不在，他的母亲钟阿姨就会对先生说：“有什么事告诉我吧，我帮你转告。”有时候，钟阿姨还会在电话里和先生聊上一会儿天，他们都是参加过一二·九运动的同辈人。先生曾乐呵呵地对我说：“连小高的妈妈也认识我了，她一接电话就知道我是谁，还和我谈天。”我嘛，自然是既为先生高兴，也为老朋友高建国高兴，这是两好的事。

大约在21世纪初，先生观看了香港阳光卫视播出的一档特别节目，美籍华裔科学家、诺贝尔物理学奖获得者杨振宁先生演讲《美与物理学》。杨先生这篇演讲，从新颖的角度剖析了科学与美学的奇特关系，并由此申发，论及中国传统文化与人文关怀的意义，引起先生极大的兴趣。而后，先生断断续续阅读了华东师大出版社出版的《杨振宁文集》(上下)，不仅从中找到了《美与物理学》的演讲整理稿，并且了解到，杨先生少年时代与先生一样，也曾居住于北京清华园；正是清华园与后来西南联大“龙院村”的生活，使杨先生作为物理学家却具有人文精神，而且文理兼通。

先生琢磨了许久，想把《杨振宁文集》多篇文章所论及的人文领域诸问题加以综合，并进一步阐发，以跨学科的创新方式，做成一个具有新视角、新意义的课题，却囿于年高多病，迟迟未能启动。

时至2002年春夏之交，有一天，我陪先生在徐家汇的绿地公园散步。先生谈着谈着，就谈到了《杨振宁文集》和人文关怀的问题。先生遗憾地说："这是一个已经酝酿了两年的大课题，重要性不亚于1993年研究杜亚泉思想。可是，自己力不从心，学生们又都在各忙各的。现在对我来说，做大课题，已经是心有余而力不足了。"我说："为什么不请高建国一起来做呢？他可以帮助你的。"先生说："是啊，小高是个不错的人选。但是，这次要选读不同门类很多本书，还要不间断地和我一起工作一段时间，他肯这样花费力气吗？"我说："以我的了解，高建国是肯下大功夫的。而且，他最近正好有些空闲呢。"于是，先生便打电话，约高建国到先生设于庆余别墅的新工作室面谈。

高建国答应了先生的请求。先生与高建国商定合作计划后，便让他先期阅读各类资料，慢慢进入角色。当他们都充分完成准备工作时，又共同拟定了以问答的灵活方式，来进行既具跳跃性又具连贯性的系统阐述。文章中的提问者为高建国，解答者为先生。

先生为了能全神贯注地进行写作，不被任何访客打扰，想出一个妙招，工作时和高建国到附近的衡山路地铁站里，一边散步，一边讨论。

这样，每天上午9点钟，高建国来庆余别墅见先生，然后一起到地铁站去开两人研讨会。在那个安静的地下空间，匆匆而过的乘客，没有谁会注意这爷儿俩来来来回回踱着方步，在谈些什么。因此，他们的思绪不被打搅也不受束缚，双方配合默契，对话进行得十分顺畅。一般在11点钟左右，他们结束上午的工作，高建国回去，在电脑上把对话内容整理成文。第二天上午，他们一起把前一天形成的文稿读一遍，进行修改；而后，又一起到地铁站去展开新的讨论。

他们风雨不歇，雷打不动，日复一日在衡山路地铁站钻进钻出，专心致志地进行文字“列车”“接龙”,使课题工作稳步向前推进。差不多半个月后,写成了一篇长约13 000字的文章——《关于〈杨振宁文集〉与人文关怀的对话》(以下简称《对话》),以讨论《杨振宁文集》的方式,多视阈立体展现人文关怀在21世纪的重大意义。此后,《对话》又多次进行精雕细琢般的文义调整与文字修饰,并根据新材料增强现实性。

先生对《对话》的完成稿十分满意,觉得它可以和列为《清园近思录》头篇的16 000字长文《杜亚泉与东西文化问题论战》相媲美。先生曾感慨地对我说:“再要做这样的大文章,自己此生恐怕是不行了。”

根据两人约定,先生开始投稿。先生决定投给香港的《二十一世纪》杂志,他觉得这样起点高一些。

可是,意想不到的情况发生了。《二十一世纪》杂志社的责编要求,在作者中删掉提问者高建国,改为先生一人的答问,仅在文末注明由高建国整理。还有,不经《二十一世纪》杂志社同意,任何报刊不得转载此文。面对这样的条件,先生也很为难。他默默地把《二十一世纪》杂志社的来信交给高建国看。

高建国读着读着,越来越愤懑。确实,这对高建国是不公平的。而且,这样做也违背了先生当初与高建国的约定。高建国终于抑制不住发火了,他指责《二十一世纪》杂志社这样做是对人的侮辱,指责他们是势利之徒!高建国从来没有这么大嗓门说过话,先生也受不了了。先生对高建国说:“这又不是我的意思,我只是转告他们的意见,你对我发什么火?”先生觉得这不是自己的过失,便也忍不住发了一通火。于是,高建国离开了先生。从此,他和先生再也没有见过面。

后来,《对话》出于其他原因,由先生决定不再发表。这篇有着很不一般价值与新意的作品，是先生此生的一篇“未刊稿”。

现在回过头去看，我觉得，他们两人在这件事上自始至终谁也没有错。然而，先生以往对别人发过火后，又返身向别人道歉，致使双方和解，是寻常的事。这件事的结果竟至于此，我心里实在难过。可以说，先生平日和我之间唯一的不愉快，就是他有时候会错怪朋友，错责别人。我总是想，先生也许是在无意中苛求别人吧。然而，在这一点上，我很难说服先生。我大概有如先生所说，是个“一团和气”的人，不懂得“等差之爱”。

以后若干年里，先生是很想念高建国的。先生经常向我问起他的情况，听说高建国经常跑医院去照顾患病的老母亲，就对我说，你什么时候和“小高”一起去看看他的母亲。我曾对高建国说，先生还在惦念他，希望他能回到自己身边。而高建国表示，他也很想念先生，衷心祝愿先生健康安好。他在张可阿姨病逝后，给先生写了一封情真意切的慰问信，但却一直没有去看望先生。

2008 年春，当先生病得很重时，我又曾对高建国说：“先生病得很重，他心里是很想你的。我觉得，过去的事情就让它过去，你还是去看看先生吧！”但是，高建国再次表示了对先生的衷心问候与祝福，却依然没有到先生那里去。

高建国后来告诉我，钱钢在世时曾力图调解他们二人，并传达了先生要求将《对话》内容进行根本性大改的意见。但是，高建国实在无法完成这一修改工作，也不想再为此与先生发生新的不快。他并很认真地认为，先生在病中头脑依然清醒，却没有在这方面让我带出新的口信，他不知道去见先生时，该怎样来谈这件先生很重视的事情，惟恐万一谈不好……

其实，高建国心里很想念先生，也曾决定去医院看望先生。然而，当他 5 月 10 日那天打电话约一位朋友同去时，却听到先生已于昨夜永逝的消息！

先生的遗体告别式在龙华银河厅举行。摆满鲜花的大厅里，循环播放拉赫玛尼诺夫的《第二钢琴协奏曲》，这是先生最热爱的一首乐曲。先生曾和同样喜爱这首乐曲的“小高”等人，围坐在工作室里讨论它的丰富内涵。高建国听到这熟悉的旋律，凝望着墙上黑框遗像中先生含笑的面庞，不禁泪水长流。他虔敬地执弟子礼，向先生致以永恒的敬爱之意。

随后，高建国把先生过去赠送给他的一箱生平撰述资料与文史材料，全部捐献给“王元化学术研究中心”，以供众人进行对先生的纪念与研究活动之用。

先生和楼帅

楼世芳，我身边的朋友们称他作"楼帅"。因为他曾经担纲上海申花足球俱乐部总经理，用先生的话来说就是："一个读书人，去管理一群'小流氓'了。"这可不是一个好干的差事，须得有两把刷子，可是他还是大刀阔斧地干了，而且干得声名远扬。引人注目的是末代甲A联赛，申花夺冠那场球，在比赛结束后的现场，球员们都穿上了足协发的冠军金袍狂欢庆祝，他却拒绝穿上领队送来的代表荣誉的服饰，一时引起不少争议。在经历了短暂的喧闹以后，他还是全身而退，回到文化教育圈内。这个军人出身的"男子汉"，表面上有着那么点威严和倔强，骨子里却是满满的书卷气。而我呢，对他基本上就直呼其名，有时则倚老卖老，干脆以"阿弟"相称。

1980年代初，世芳从部队转业回到上海，在市广播电视局工作。不久，先生出任中共上海市委宣传部部长。除了会场的台上台下，当时他们之间并无任何接触。1993年底，为纪念近代著名学人杜亚泉先生120周年诞辰，许纪霖邀请了先生前往浙江上虞，参加学术研讨会。同行的还有苏渊雷、蔡尚思、汤一介、乐黛云、庞朴等著名学者。许纪霖也邀请了世芳，并委托他对先生进行电视专访，同时对整个活动进行报道。就这样，世芳第一次来到了先生的身旁，此后便成了先生家的"常客"。

1996年前后，先生临时住在衡山宾馆工作室，我也开始陆陆续续地去那里为先生做一些事情。这时候世芳也会到衡山宾馆来看望先生。记得第一次与世芳相见，他居然称呼我“阿姨”。虽说这样称呼仅有一次，却成了我们日后聚会时常提起的笑谈。

有一天，先生从旧物中翻出了几张黑白的旧照片，那是1949年前先生在北平铁道管理学院教书时拍的。照片中的先生和张可阿姨都非常年轻，张可阿姨穿着旗袍和浅色的西装，先生穿着长衫，他俩在湖岸边留影。先生说那是在他们新婚之后不久，和朋友一起去公园游览时拍的。新婚后的一段时间是他人生最幸福的时光之一。他不止一次地对我说：“那时候在北平的生活十分温馨，我很怀念那一段生活，我喜欢那时的北平。”对于先生来说，这些照片实在很珍贵，只是照片很小，没有了底片，又陈旧又是孤版。碰巧世芳来了，他说：“没有问题，就交给我吧。”于是，他回去后就找了上海媒体的专业摄影师，很精细地翻拍了这些照片，并适当地放大了尺寸，为先生复活了一段很有意义的回忆。先生非常欣慰，不时拿着这些翻拍的相片，细细端详，仿佛往事再现。

与其他年轻朋友不同，世芳每次来看先生，很少谈及学术，他们之间议论更多的或是时政，或是掌故旧闻，或是业界趣事。有时匆匆而来，看看先生这边有什么需要做的事，没事他就走了。虽然和先生身边的其他人相比，世芳并不是学者，也不做学术，但是他写得一手好诗词歌赋，也属于有才华的文化人。他曾写下“草生净土、花开天堂”的句子，为我所深爱，我把它刻成了两方闲章，在绘制工笔花卉时使用。

1998年秋，上海大剧院正式落成并对外演出。我们在闲聊时，先生忽然兴奋地告诉我：“世芳现在兼了大剧院的书记，以后有什么活动，可以请他帮忙。”于是，有时候先生的活动，和某些朋友的会面，就由世芳安排在了大剧院的“望星空”餐厅。

原先先生体力精力尚好时，我们曾组团去杭州，热热闹闹地为先生过 80 岁生日。2005 年初冬，先生 85 周岁，由世芳安排，生日宴开进了大剧院“望星空”餐厅。宴席的费用，都是按照我们的惯例，大家自掏腰包。记得那天，世芳早早地开了一辆“子弹头”来到先生所在的庆余宾馆，接上寿星还有我的父母去餐厅。宴席客人中有钱谷融、徐中玉、李子云、朱维铮及其夫人等老朋友，还有些王门弟子及年轻朋友。晚宴上，才艺表演自然少不了，先生谈笑风生，先为大家放歌一曲。翁思再的京剧清唱照例是少不了的，用先生的话来说，如果要惩罚他，就是不许他唱戏，那会令他比什么都难过。轮到大家拉世芳出节目，他自知逃遁无门，便开口先问：“今日席上可有胶东人?”朱维铮先生的夫人王医生举手应答。世芳说：“那就好，您作证，免得大伙儿说我‘冒牌货’。”接着，他眉飞色舞地用胶东话说了一个段子，引得全场宾客捧腹大笑，王医生也笑得前俯后仰，他自己却在那里绷着脸，像是什么事情也没发生。我心想：这个世芳，除了办事干练，还这么会发噱解颐！

餐后，世芳送先生回家，我和父母还是同车返回。刚坐定，世芳对坐在副驾驶座的先生说：“先生，您把保险带系上吧。”谁知先生一脸调皮地说，警察都下班了，不用系了吧。世芳先是一愣，他知道先生骨子里叛逆，向来蔑视陈规陋习，说的也是“俏皮话”，但系保险带不是陋习啊。于是世芳笑着对先生说：“保险带是为了我们自己的安全，不是带给警察看的哈！”于是，一车人皆赞成。先生也乖乖地系好了保险带。

继那次活动之后，先生此后不再外出举办生日宴，仅在居住的庆余别墅和瑞金医院小规模“意思”一下了。世芳也一直关注先生的病情，仍然会抽空到先生病榻旁探视先生，一如往常地与先生谈天说地。

2008年5月9日夜，先生永远地离开了我们。世芳得知消息后，赶到了医院，护送先生最后一程。世芳还作了一副挽联。

先生去世后，我们有时去世芳位于上海视觉艺术学院的书斋——“一统斋”小聚，一杯清茶，一瓣心香，一起怀念先生。世芳去庆余别墅探视先生时，先生曾将一块“清园”的牌匾送给了世芳。1998年，先生还给世芳题写过一副集语联，集的是西晋文学家陆机《文赋》里的句子：“收百世阙文，采千载遗韵。”现在，这些遗物都陈列在一统斋里，先生走了，但精神犹在。看到了这些，恍若直面先生，倍感亲切。每当清明或是先生忌日、冥诞，世芳还多次备车，我们一起去福寿园拜望先生。在同行者中，自然也少不了夏中义兄。

世芳和中义兄是在我召集的朋友聚会上相识的。虽然是在先生远去之后，但他们一见如故。中义兄的学问和人品，以及他研究元化先生的高度和深度，都深得世芳敬佩；而世芳骨子里的清傲和刚直不阿，以及他的文采和才华，也得到中义兄的认同。他们谈学论道，彼此看重，引为知己。特别是在对先生的情意上，他们都是情深意厚的。他们认为，最好的纪念，是对先生思想遗产的继承和发扬。先生对“五四”的反思，起源于为《杜亚泉文集》作序；后来在与林毓生先生交往过程中，又有了更深层次的发展。

2019年5月上旬，我们相约，一起飞越大洋，去参加“百年‘五四’暨王元化研究”国际研讨会，追踪和先生关联的一切宝贵信息，拜访先生的挚友林毓生先生，也是我们对先生最好的纪念。先生已然不在了，林先生简直就成了当代汉学界思想家的“孤本”！为了保留下这次珍贵的会面，世芳扛着沉重的专业摄像设备和同样沉重的责任，用影像记录整个访谈的全过程。

我们赠送给林先生伉俪一幅汉代瓦当的拓片，跋文由世芳拟定，以娟秀的行楷书就：

亿年无疆

“亿年无疆”，乃瓦当吉语也。瓦当，尝见于中国古建筑屋顶、檐头。既便于排水，又美其外观，故又称“瓦头”。其肇始于西周，鼎盛于秦汉，汉，尤以文字瓦当为最。

予观乎世间万象，凡出头者，皆易毁伤：如鸟首弊，作椽先烂。唯此瓦当，历尽沧桑而千秋不朽者，何哉？为其高节也！生于秦而不帝秦；长于汉而不媚汉。一为瓦头，自有担当。虽置身宫檐，却遗世独立，纵经六朝金粉，百代繁华，而不改三楚精神，千年血脉。呜呼，亿年无疆，当此之谓矣！

谨以此敬赠林毓生先生。

蓝云、蓝江、夏中义、楼世芳于美国丹佛

时值五四运动百年，楼世芳跋

“一切诚念终当相遇”。缘于先生的召唤，我们不仅成为兄弟姐妹，而且惺惺相惜，成为人生道路上不可多得的知音。

偶入王门的吴琦幸

浓眉大眼,目光明亮,有着一股戴眼镜也遮不住的神采。他是吴琦幸,是先生的 5 位弟子之一,也是一个热情开朗的帅小伙子。他善于和人交往,乐于助人。先生向我介绍说,这个学生是个很活络的人。先生说,当年,他的弟子陆晓光陪他去北京出差,晓光为了节省差旅费,在安顿先生到京西宾馆住下后,自己就去附近找了一个澡堂落脚;而琦幸陪先生去深圳出差,总是会和主办方打交道,在食、宿、交通方面会争取到和先生"同等待遇"。先生说,这也是一种能力。

琦幸进入王门纯属偶然。先生说,琦幸的考据训诂功底是很扎实的,1986 年他考上了华东师范大学古籍研究所的博士,师从徐震堮先生。但是刚刚入学一个月,徐先生就去世。琦幸的求学前程未卜,他只好另谋出路。这时他在校园遇到中文系的陆晓光,陆已经是先生的弟子。谈起此事,陆晓光对琦幸说:"不如你就去投奔王元化先生,看看他能不能收留你。"琦幸对先生自然是真心景仰的,但是先生治《文心雕龙》,他则是做小学训诂。专业方向不同,而且先生当时在思想界的名望已如雷贯耳,有这个可能性吗?琦幸心中并没有把握。

晓光把琦幸的遭遇告诉了先生,并想带着琦幸来见过先生。先生则要求先将琦幸简历和发表过的论文捎来看看,之后再专门约定时间面谈。谈完后,先生对琦幸学问、人品印象不错,再加上是徐震堮先生的弟子,他就二话不说收下了琦幸。这样,琦幸进入了先生门下,正式成为先生的第三位弟子。那是 1986 年下半年的事。

当年国家鼓励博士研究生赴国外交流，并出台了“联合培养”政策，给予在校博士生名额，由中美导师共同指导，并给予联合培养博士学位。先生鼓励琦幸到国外去进修。一天，他在家中接待美国加州大学伯克利分校历史系教授魏斐德，谈及琦幸的出国联合培养事宜。魏斐德教授对琦幸很感兴趣。先生立刻电召琦幸到家，与魏斐德教授商谈具体事宜。1989 年 4 月，琦幸成为加州大学伯克利分校中国研究中心和华东师大中文系联合培养的博士生，就此开始了闯荡美国的历程。此后除了完成他的博士论文《〈文心雕龙〉声训论》外，为了勤工俭学，琦幸还当过《国际日报》《侨报》记者、采访主任、副总编辑等职。由于他有很好的社交能力，很快成为美国华人新闻界的“台柱”记者。著名的“纪然冰凶杀案”就是由他采访报道的，并出版了根据案件写成了深度报道《海外孽缘》。他很机敏地在美国开创了自己的一片大地，那是很不容易的。

1980 年代，先生与吴琦幸摄于先生书房

1991年2月,先生应美国夏威夷大学东西方文化中心的邀请,参加"文化社会:20世纪中国的文化反思"国际研讨会。其时琦幸刚到美国不久,尚在艰难的创业阶段。但他得知这个消息非常激动,先生来美国了,先生迈出国门走向世界了!作为身在美国的弟子,高兴之余该为先生做些什么呢?琦幸用省吃俭用攒下来的钱,专门买了一台摄像机,自费到夏威夷去和先生碰头,为的是拍摄记录先生参加会议的珍贵资料。

我在先生的客厅见到琦幸,是1990年代中期的事情。每逢寒暑假,琦幸总会带着妻子儿女回国探家,这时,他总要安排多一些的时间来陪伴先生。

记得是1999年寒假,适逢先生80岁生日,作协、上海图书馆、文研所、文学基金会、社联、华东师大以及家人都纷纷为他祝寿,但先生最开心的是11月30日晚设在上海社会科学院餐厅的3桌酒席,先生近旁的朋友、学生、私淑弟子都在被邀请之列。琦幸慷慨地为这次的宴席买单;那天胡晓明献了一首歌,我方得知胡晓明有一副好嗓子;思冉的京剧演唱是少不了的,那是个保留节目;还有来自美国的日本籍舞者武重淑子,她是一门心思要来拜先生为师的,她表演的舞蹈很怪异,舞动她的枯树枝一样的手,并没有美感可言;最出彩的是我的女儿娇娇,她唱了一段花脸,楚霸王的"力拔山兮",这是和思冉刚学的,是"热炒菜",唱得还走音。大家哄堂大笑,先生说:"看不出,娇娇可以演一个'丑婆子'!"那时候,大家口袋都是瘪瘪的,琦幸想必也并不那么富裕,但是为先生祝寿,他乐意慷慨解囊。

后来听先生说,琦幸开始经商了。先生说:"这个吴琦幸,做做学问就蛮好嘛!经商那么容易吗?又不懂生意经,钱是那么好赚的吗?不是人人都会赚钱的!"我说:"不去试试,怎么就知道自己不是赚钱的料呢?”先生说:“我还不了解他吗?他哪里有赚钱的天分!读书人就老老实实去读书。”

先生总是很惋惜琦幸:“我这个学生真是可惜了,他的小学功底其实非常好,写得一手好字,人也很有悟性。他本来应该成为不错的学者。去了美国,把学术给荒废了,真是可惜啊!”果然,琦幸经商没有多久,就熄火了,被先生言中。但他还是每次回国,总要请客。我还记得在淮海中路的音乐餐厅,他带着太太王建华,还有儿女们一同请先生,我也在列。他的两个孩子彬彬有礼,教养非常好。得知孩子们学习都非常优秀,先生连连夸奖琦幸夫妇教育有方。琦幸来探望先生,总是背着一个双肩包,他会从包里取出从美国带来给先生的礼物。那时候舶来品还是蛮稀罕,先生得了礼物总是很高兴。尽管事后他要对我说:“其实送我礼物最没有意思,我根本记不得什么人送给了我什么东西,而且多数我并不需要。我就高兴一下,然后很快就送了人了。”的确,我可以作证,前面客人的礼物,先生往往就不加思考地送给了后一个客人。先生最不喜欢保存不需要的东西。琦幸的双肩包里,有时会掏出特殊的礼物,那是他撰写的书。记得第一本书是他的摄影图片加上美国西部牛仔的淘金路采访集。琦幸还是努力的,在异国他乡,生存的压力再大,他还是保持着他的书生本色。但凡有机会,他还是思考、写作,笔耕不辍。

他回国来,总是会掐指算好,安排时间可以赶上先生的生日宴。比如我们去杭州为先生庆生,他也大老远赶来,和王门弟子以及年轻朋友欢聚一堂。在大洋彼岸,他还是和我们一样,心系他的先生,企盼先生长寿快乐。

一来二往,和琦幸熟了,我觉得他总是那么开朗,乐呵呵的样子显得很阳光。一次从先生那里出来，正好踏着饭点，由于衡山宾馆紧挨着我家，我就请他来我家便餐。我端出了家里现成的菜肴：四鲜烤麸、油爆河虾、蘑菇菜心、鱼香肉丝。他毫不客气，吃得很香。他边吃边对我说："我还不知道，你的生活是很精致的。我也喜欢做菜，就是没有机会请你吃我做的菜。"就此，我们的距离拉近了，他把我当成了姐姐，和我谈了许多他和先生的往事。每次他回国都会和我相约，一定要一起吃个便饭，谈谈彼此的生活。他在美国的学术生涯也逐步有了发展，1996 年获得博士学位之后，辞去了记者生涯，成了一个大学教授，在加州圣塔莫尼科大学任教。寒假和暑假，仍然会回国，仍然要来探望先生，尽力为先生做一些事情。先生常常将自己新出版的著作交给琦幸带回美国，代为向美国的学者，例如林毓生、杜维明、李欧梵、余英时、夏志清等人联系寄送。

先生过了 80 后，健康逐年下降。但先生是每活一天，都无法不思考、不阅读、不写作的，他心中有这么些愿望，希望多一点时间将思考着的内容写下来。先生说自己是一个为思想而生的人，他不能够只像生物一样"活着"。对于先生病情的恶化，医生在尽力而为，但却无法阻止。然而即便是百病丛生，先生仍旧一本接一本地修订他的再版书籍。湖北教育出版社赶在 2007 年 10 月出版了一套 10 卷本的《王元化集》，这是先生一辈子著书立说的结晶，先生很高兴能够亲眼见到自己心血凝结的成果问世。这时碰巧琦幸拿到《新民晚报》刊登《海外孽缘——洛杉矶纪然冰命案》连载支付的一笔稿费，他把全部稿费交给我，嘱我请曼青购买 5 套《王元化集》，自己留一套，分送师兄弟们一人一套。琦幸是一片好意，但是先生却认为其他的弟子们也应该自己买，琦幸不必替他们买。先生就做主将另外 4 套送给了几位外国友人。

2007年暑假将临，琦幸打电话给先生，我也插上话，跟他说，你要早点回来，多跟先生谈谈，先生的病情不容乐观。琦幸一放假就赶回来，到医院探望先生。我对他说："先生的癌细胞发生了肺转移，他的日子已经不多了，你能不能抓紧时间多和先生谈谈，争取为后人多保留一些先生的言论和思想？"琦幸赞同我的看法，推掉其他事情，干脆就在瑞金医院附近找了一个旅馆住下。每天一清早，他就赶到了医院，趁先生思路清晰、精力尚健的那么几个小时，对先生进行抢救性的访谈，整整坚持了一个假期。他的访谈后来经整理，由上海人民出版社出版了，名为《王元化晚年谈话录》。这本书提供了很多先生晚年不为人所知的思想，有些内容先生特意交代琦幸，必须要在他闭上眼睛之后才能发表。前来探望先生的人很多，可是安下心来踏实苦干的，除了洪森、曼青和我以外，琦幸也是尽力而为的。

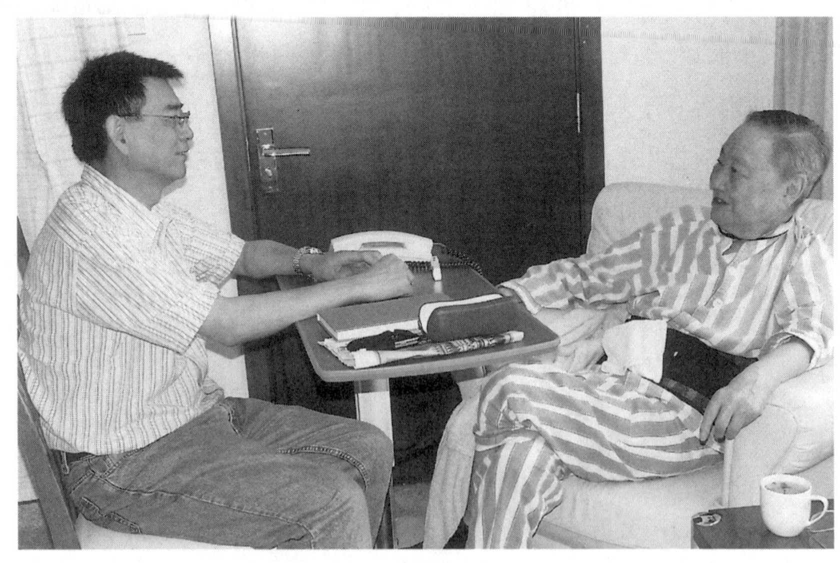

吴琦幸在瑞金医院做先生晚年访谈

先生走了，我和琦幸仍然是好朋友，他把我当作姐姐，我也把他看作弟弟。每次回国他会来看望我，从他的双肩包里掏出给我的礼物。2009 年由于他的师兄陆晓光要筹建王元化学术研究中心，他赶在寒假期间专程飞回，来给陆晓光出谋划策。先生的事情，他觉得自己义不容辞。虽然他和所有的师兄弟一样，有自己的工作、家庭要操劳，但是为了先生，他舍得放下手中的一切事情。

2010 年我去美国看望弟弟妹妹，想顺便去探望先生的老友林同奇先生，并约中义兄一同前去。后来中义临时无法前往，我打电话给琦幸，琦幸一口答应。其时，我在西雅图，琦幸在洛杉矶，而林先生则在波士顿。妹妹蓝江带着我从美国的西北部飞抵波士顿，随后琦幸也从洛杉矶赶来与我们会合，我们 3 人驱车到林先生家。琦幸带了录音机，完整地记录了我们会谈的内容。我们和林先生一起用了午餐。离开时，林先生倚在门边目送我们，直到我们消失在他的视野外。之后，我们又接着去拜访了先生幼年时期在清华园的朋友——赵元任的女儿赵如兰，她虽然年事已高，但也跟我们回忆了很多先生少年时代的事情。

琦幸回来看我，我把正在研究先生思想的上海交大夏中义教授介绍给他。谈及先生，他们居然一拍即合。2011 年暑假，他俩在我安亭路居所的客厅里，泡上一壶香茗，办了一场“王元化学术、思想三人谈”，从此我们自称“楚三户”，要齐心合力弘扬先生的学术思想。我们商量打算在适当的时候，一起举办一个国际会议，邀请国内外知名学者专家，共同来交流对先生思想的研究。琦幸是个言必行、行必果的人。这个承诺，他一直放在心上。2019 年 5 月，琦幸促成了由他任教的大学——美国加州大学圣地亚哥分校在洛杉矶举行“百年‘五四'暨王元化研究"国际研讨会。如今,我们依然在为我们共同的敬仰者先生努力。为了给先生作传,琦幸一人独自到先生的家乡湖北荆州,做了大量细致入微的采访,多有发现。特别是先生很少提及的父系档案,琦幸做了卓有成效的发掘,有些内容连先生自己都不知道。例如他访到了桂美鹏创办圣公堂的遗址和家居的房子,甚至还发现了桂美鹏为圣公堂书写的堂碑。他拿出了自己考据训诂的看家本领,撰写了先生一直期待而未果的传记。这个愿望,终于由偶入王门的弟子吴琦幸完成了。

这当是献给先生百年冥诞的一份大礼。

(首发于财新网,2020 年 3 月 31 日,原题为《王元化和偶入王门的吴琦幸》)

“较得我真传的弟子”胡晓明

从入先生门下做博士生开始，胡晓明就从来没有离开过先生。偶尔出差，也不过三五天、十来天的时间。他在华东师范大学读博，后又在华东师大中文系任教。先生离世后，他任华东师大图书馆馆长，兼任王元化学馆馆长一职。在先生的5个博士生中，他是可随时听从召唤、调遣的弟子。先生还掰着手指头说过，晓明在他的5个弟子中，可以算是得了他的“真传”了。

胡晓明高高大大，长着一双大大的眼睛，一口普通话带着浓浓的贵州乡音。先生说，他来自贵州，父亲是位南下干部，好像也是从事文化工作的。晓明的父亲还曾经写过一部书，是写他参加革命工作的人生历程，先生看得津津有味，说写得还很不错。晓明的文章写得也很好，在先生所有的学生中，当是最出众的一个。

先生特别赞赏晓明写自己的那篇文章——《一切诚念终当相遇》(见附录)，说是把自己描绘得入木三分。其他人写先生的文章很多，也有写得不错的作品，但是比起晓明的这一篇，总是要逊色一些，于是先生会在自己的著作中，插入晓明的这篇文章作为附录，而且专门翻出来盯着叫我读。后来，我又陆续读了晓明的一些文章，比如写舒传曦的，以及《湖畔居——那一抹斜阳》等，这些文章被我剪了下来，贴在剪报簿中。我还读了他介绍江南文化的作品。晓明的文章确实情感充沛，行文如畅流的溪水，文字清丽典雅，并富有意蕴。我一般不向别人索书，但是晓明写的书，我索讨过，那是一本解析《春江花月夜》的书。

能够做先生的弟子是一种难得的幸运，可以学到许多别处学不来的东西。可是，跟着先生做学问，也不是那么容易的。先生不仅在学术上标准很高，近于苛求。我对晓明的第一印象，是他正脱了外衣，在先生的书房里搬书。先生的书往往会多到淹没先生的书房，于是他就决定赠送一万本书给家乡江陵建一个图书馆。可是书山要经过筛选，哪一些留下，哪一些送走，"这座山"先生自己已经搬不动了，弟子们出国的出国，还有的分配到了外地，剩下的就是晓明和傅杰能够听从调配。当然干完活儿，先生必有丰盛的饭菜犒劳弟子。

与先生摄于友人家中，前排左起：陆晓光、王元化、胡晓明，后排左起：姚以恩、蓝云

先生在心里是很疼爱他的弟子们的。他总对我说，我们的知识分子太清贫了，晓明前一段婚姻因此而结束。先生是一个家庭观念相当

先生和他的弟子们，后排左起：胡晓明、陆晓光、吴琦幸、傅杰

传统的人，过了好久，才相信这不是晓明的责任，非常同情他。先生说："你不要看他表面睁着一双大眼睛眨巴眨巴，其实他真是一点儿心计都没有啊！"先生说晓明学问好，不怕的。他说："天涯何愁无芳草！"

来来往往多了，我和晓明也熟识了，有时候人来客往，我们都共同参与，先生这里总是有快乐的聚会。某位学者从国外回来，哪个老朋友要请客，什么社团有活动，或是先生要过生日了。饭局中我们俩基本必到，先生是不会遗漏我们俩的。我是关心先生的日常生活更多些，晓明则是先生学术工作时时需要的帮手。例如，要查找什么资料，只要一个电话给晓明，晓明就会立即把资料送来。当然还有傅杰。还有许多需要先生作的应酬文字，先生实在不能够推脱，又实在不想应付的文章。这时，晓明就是给先生解围的不二人选。记得有著名画家出画册来求序言，还送了一幅白莲图。先生无奈，不得不写。他就把此任务派给晓明，晓明二话不说，即刻洋洋洒洒一篇序言交来。还有类似的情况，晓明都替先生还清了文债，而且颇得先生赞赏。先生说："晓明的赋和骈体文写得真是好，现在有这般功夫的人不多了。叫我是写不出来的，我没有这样的本事。"我不知道他有没有亲自告诉晓明本人，晓明知不知道先生对他有这么高的评价，倘若他知道一定非常欣慰。

先生还对我说："我其实并不是那么用功的人，也很少去读那么多的书，去钻研那么深的学问。我比不上我的学生们，他们都是非常用功刻苦的人，他们读书写作都会熬到半夜三更。做学问但凡要有一点成果，都免不了是要抠心抠肺地去钻研的。我的学生都很了不起。我可做不到。"我对他说："他们都年轻，少壮不努力，老大徒伤悲嘛！你的年纪这么大了，还在不断反思，还不断有成果产生，你更加了不起啊！不是所有的老人都能够像你这样去不断反思的，比如我的父亲，他就不是一个不断反思和否定自己的老人。"先生说："是啊，他们是大多数，和我是不同的。"

1999 年，联经出版社邀请先生去台湾开讲座，同时受到邀请的还有林毓生先生。先生决定要晓明陪同。由于出发时间是上午，晓明从华东师大赶到衡山宾馆不太方便，我就请晓明住到我家过夜，第二天一早去衡山宾馆和先生会合，几步路就到了。去台湾前的那个夜晚，晓明就到我家来落脚，第二天早上去衡山宾馆和先生同赴台北。先生说演讲完毕，联经出版社还特地组织他们去花莲游览。先生自己本不感兴趣，但是考虑到晓明还是希望有机会多观览一些地方，他说不能因为自己耽误了年轻人的兴趣，所以他就接受了邀请。但是去了之后，特别是游览海边的一段白色大理石绝壁的景观，竟是十分的壮美，使他觉得不虚此行。他特地把此行记在了《九十年代日记》里。

2000 年，晓明又成家了，妻子是同校心理学系的教授张玲。他们新买了一套房子，因为女儿圆圆也需要有一间自己的房间，所以买的房子面积较大，向银行贷了一大笔款。晓明告诉了先生自己经济方面的窘迫，先生不仅借了晓明一笔款，还为晓明介绍到外地授课，以适当增加一点收入还贷。上海周边的江南秀丽景色及悠远的人文传说，桃红柳绿间的亭台楼阁，都浸染着他的身灵，使他在授课之余进行江南文化的深入研究。

先生认为晓明在思想方面比较得到自己的真传。在 21 世纪到来的第一年夏天，先生请晓明和自己进行了一场对话。晓明说："可见先生身上 19 世纪文化精神的熏习极深。我大胆地说一句，先生晚近的精神气质上恐怕更多回向'五四'前一辈人……，那时想的是如何昌明旧学，融化新知。想的是东海西海，心理攸同。'五四'以后就不是那样了。"而先生说："我所关怀的是人文精神的急剧衰落。"他们的这篇对谈被整理成为《人文精神与二十一世纪的对话》，放在 2004 年 5 月出版的《清园近作集》首篇。

大约是 2005 年春天，中国美术学院请先生和林毓生先生一起办讲座。他们在刘庄为两位先生订了房间，先生也想多一点时间和林毓生进行交流，他带去了胡晓明做他们的学术助手。同行的还有陆晓光，以便照顾先生。那时候先生的身体已经很差了，气急无力，讲课期间美院的朋友甚至备好了氧气袋，以防有什么不测。这是先生最后一次去他深深喜爱着的杭州，虽然他不会想到，西子湖边的那些快乐都将成为过往，他这是在和心爱的"西子"诀别。

先生在弥留之际，最希望的是，留下一个可以供后人继续探讨他的思想、继续研究他正在研究的课题，供更多年轻人加入他未竟事业中来的场所——王元化学馆。他把晓明叫到自己的病榻旁，吩咐晓明，希望在即将建立的王元化学馆门外，置放一块石头，上面刻上：“沉思的心灵生活其实才是他们最为珍视的，时时会从喧嚣纷扰的世俗中回返思想宁静的家园。所以，他们是那种为思想、为观念而生的人，而不是靠观念谋生的人。”2018年岁末，晓明接手王元化学馆担任馆长。他特别强调了先生的遗愿，请来了雕塑家李秀勤为先生塑造的王元化青铜胸像，旁边是一幅镌刻着黑字的白绡，赫然写下了先生的这段话。晓明说待日后有条件，再找一块适合的石头刻上先生的这句遗言。

2020年11月将是先生冥诞一百周年，作为王元化学馆馆长的晓明已经开始筹备，拟举办一个有内容、有分量的，具有国际影响的纪念活动。他为此专门给华东师大领导打了报告，积极争取整合一切资源，办好这个会议，以告慰元化先生的英灵。

［附录］

一切诚念终当相遇

胡晓明

衡山宾馆门前的大广告牌灿然亮起时，我正左顾右盼地穿过面前的车水马龙，然后，绕到高大的吴兴公寓背后，这里竟有一方草坪，花木宛然。我的心里有一点安静。此时，可以看见他在那里了。薄暮中那熟悉的白T恤白球鞋，越发的鲜明起来。同时，他也很快发现了我，我就会听见他打招呼，那是舒展、响亮、厚实的男中音。——很久以来，我已经习惯于在这里跟他见面，陪他一起散步，看着身边的楼影消融于温柔的夜，看着脚下的青青草渐渐发黄，又渐渐转绿……

一直有一个愿望想写写业师王元化先生。一提起笔来，不知为何，眼前首先出现的就是上面这幅图景。我心目中的他，从不是一副青灯苦读的老儒生模样，他的形象总是与春天的青草地、与夜色背景中的白T恤白球鞋联系在一起，总是不断走动着的同时不断地思索着的样子。他的步子硬朗，且总比一般的散步者更显得有些急促有力。

我从来没有看见过先生捧读高文大典、挟册吟哦的时候。虽然，在我为他查找资料时，曾发现他的线装本《十三经》有密密的圈点和批注；虽然，我更知道他有一摞关于黑格尔、莎士比亚以及佛学的读书笔记。我常常想，先生属于那样一种学者：他们的时代，他们的生活道路的确干扰了他们的学问世界，但是同时，他们又深受其厚赐，因而凝炼造就了他们独特的学思风格。当他们回首往事时，他们有很多这样那样的懊悔，但是他们的内心里，也充盈着对于他们所纠缠、所执着的时代的复杂的情愫，因为他们知道，这当中有许多其实是不必悔的。恰恰因为他们将其时代生命的体验，一点一滴融入其学问生命之中，其学问生命与时代痛痒相关，其思也深，其言也切，这正是一般书斋学者所未能企及的。或许真如吾国先贤老子所云：天道其实并无所谓亏盈。

我在这篇随笔里，应尽可能地忠实于自己的感觉，而不应以陈词滥调去欺瞒先生以及他的读者。就以先生为例罢，他在研治古今文学理论的巅峰时期，忽然停止了，进而扩展到思想史、文化评论。这着人先鞭的举动，吸引了大批青年人。尤其是在今天，“文学评论”的范围，渐已经扩大到一切作品，包括哲学、社会理论、学术思想等，早已不是旧的“文学”概念所能容纳的时代。先生的学思历程，尽管没有尽其能事，致其曲折，却也不期然而然地暗合了学科的内在生命。

可是，这却也不是先生所能自己左右自己的，甚而不是先生所愿意的，而是他的时代，以及他身上的思想传统之推转运移之力所使然。中国的学问与西方的学问，我以为在一个根本点上有不同。西方学人的终极关怀，可以与他们的现实关怀分开，而中国学人则有一个根深蒂固的传统，其终极关怀与其现实关怀，往往是合而不分的。先生正是此一传统中人。我个人以为，这是一个不以人的意志为转移的传统。惜乎今人狃于西学偏见，识此者万无一人。昔人论梁任公先生与中国五十年之时代问题不能绝缘，因而影响其学术成就。陈寅恪先生深不以为然，为之辩诬云：先生“本董生国身通一之旨，慕伊尹天民先觉之任”，其不能与时代问题绝缘，“实有不获已之故，此则中国之不幸，非独先生之不幸也”(《寒柳堂集·读吴其昌撰梁启超传书后》)，正是通识。

还有一个传统。中国的学问，自孔子开始，就讲究学思并重的传统。用今天的话来说，即文献功夫与思想功夫并重。先生这两种功夫都很好，他关于《文心雕龙》等的考辨与论析，在学术界有决定性的影响。但从总体上说，先生的学问风格，却不能不说是思想功夫第一、文献功夫第二。这样他就常常写得比一般书斋里的学者苦。记得冯芝生对钱宾四先生说：先生著书，乃古人之说大字，自己之见小字。我著书，则自己之见大字，古人之见小字。元化先生也是属于要写大字的人。而且，他处于一个新学说五光十色的时代，却又绝不受各种走马灯式的新学所诱惑，所以他写得很苦，而且不能成为一个“高产”的学者。但是只要我们想到，有不少高产的学者，却对于时代与生命漠不关心；有不少追逐时尚的学人，却无奈成为时代吸尘器中的灰尘。记住这一点，我们就会理解他、尊重他，更生出一份真心的敬意，而不是发自学生的本能的崇拜。

73岁的老人了，先生的心情却不像一个老人。他的思想不是一潭死水，而是一条船，不断向前方划进。近年来，他在一系列重要文章中，倡导研究近代学人，表彰自由思想与独立人格为学者最重要的品格，提出对于“五四”传统与众不同的新见，提出中西文化异质的新见，以及大胆对自己的旧著重新反思，其思想之勇锐，思考之严肃，体现了一个古稀老人尤为可贵的思想家品质。想想我们现在的青年，都会成为老人，但我们会不会有像他那样的一种精进的生命呢？正如他的散步，是绝不会找到一个清凉的地方，点上一支烟斗，坐下来摇摇大蒲扇，休息休息，观赏观赏风景。不，他总得不停地走，他也没有烟斗与大蒲扇。有一次，我有些倦了，有意识落后了几步，瞧着他的背，自己问自己：中国历史上，这号气分的人物，究竟有哪些呢？

我不来的时候，先生散步常是一个人。师母眼不好，而且步调不一致。

写先生，不可不写师母张可。清秀的脸盘，清澈的眼神，而又是那一头的银发，俨然大家闺秀。我们在先生面前童言无忌，常常夸先生何等福气，现在你到哪里去找一个这样气分的女孩子来？有一回与师兄一起帮先生清理柜子，清出一张师母年轻时的照片，那一瞬间，相觑无言，我们都被镇住了。

去先生家，师母总是要留饭的。她留饭的方式跟一般不大一样。如果她不说，就表明你是要在这里吃饭的了，而且往往有好菜。如果她说：没有什么菜，你吃饭不？这是表明她希望你留下来，却因真的没有什么菜而又感到有点不安。为了解除她的不安，我说：有面吃面，有酒喝酒。这时她笑了，开心得反像一个被老师宽宥了的学生。

最忘不了我当学生时每个周末到先生家去改善生活。师母总是换着花样，把或烤、或炖、或蒸的鸡、鸭、鱼、蛋，搛到我的盘子来，然后在一旁惬意地看着我像一个灾区的饥民一样吞咽。还记得当师母站起来为我们分菜时，先生总是不高兴："你不能总这样，人家有人家不吃的权利嘛。"其实，天上飞的除了飞机不吃，地上跑的除了火车不吃，四条腿的除了桌子和椅子不吃之外，我还有什么不吃的呢？后来我分到了房子，找机会也做了一桌子菜来酬谢先生师母，却失败地发现，她不能同样地 devour（狼吞虎咽），哪怕她尽量装成已经 devour 的样子。

师母吴人，先生楚人；师母如吴侬软语，先生如楚骚汉赋。师母是静的，先生是动的。有了师母在边上，显得先生的性格尤为鲜明。先生有时会为这样那样的事情发脾气，师母总是不哼声，有时那一副眼神，有点像看着一个被宠坏了的孩子那样看着先生。这时候，我们总是暗地里很欣赏师母的慈慧与品性。我在家里是"母党"，在先生家里，也被视为"母党"。有时亦引以为荣。

先生不是那种一团和气的温厚长者。接触过他的人，都会对他那种惊人的耿直、火热的道义感、不屈不挠的性格，留下极深刻的印象。画家丁聪曾在《读书》杂志上画过一幅先生的头像，突出的正是他的那双眼睛。先生的面相其实很一般，但最有个性的正是那一双炯炯有神的大眼，像煤炭一样亮，甚至一样灼人。他就是这样久久地注视着所有的人。唯其是这样一种人，所以他敢怒敢言，绝不只说半句话。西方谚语有云：一大早起来就大声骂的人，不会得癌症。先生当然不会无故动肝火，但是他老人家却绝不会把气窝在心里留给自己受用。于是不免有时也得罪人。他亦他特有的"迂"，有讲"原则"讲得"讨人嫌"的时候。譬如人家好生生拿来一本叫作什么"舌战"的畅销书,请他老人家题个词,他却题了个"以气势胜不如以道理胜,以人格胜",这岂不是给人难看么?他不是个完人。但是正如古人所说:"人无癖而不可以交,以其无真气也。"我们看惯了社会上谨言谨行、圆滑世故以至举手投足都得其所当的"君子"们,就会觉得先生这样有棱有角的人,自有其可爱之处。我喜欢他的真率,他也大概不把我当作一个世故的人,所以我们还谈得来。所以我对先生说,你老人家的敢怒敢言,主要是缘于个性,用中医的说法,就是个气血的底子旺;用文学一点的说法,就是个血性的汉子,或者说就是个有"真气"的人。我当然不是说他不是出于道义热肠,代表着中国知识人的良知,疾恶如仇,我如果老是这样赞美先生,先生听多了也会烦。

人们往往将中国思想中的"浩然之气"理解成一种抽象的概念,朱子却说得十分地合我意:"浩然之气只是个血气之气""血气助得义心起来。人之血气衰时,义心亦从而衰"(《朱子语类》卷五十二)。先生常说我们"做不来事"。其实,做得来事做不来事,这就是个有气魄无气魄的样子。先生喜说"君子坦荡荡,小人长戚戚"这句话。世界上相当多的人并非不想做事,只是不能以"气"、以坦荡荡的人格去"张王"诸如道义、事业等。于是道义也好,事业也好,永远成了个虚架子。久而久之,由于缺少了"气"的支援,渐渐,整个人就越来越枯寂,人的气质变得馁败、昏浊、颓塌,哀哀戚戚,嗟叹自怜。我们在先生那里得到最受用的,就是这整个儿大气的人格的感染了。先生确是当今极少数"做得来事"的知识人、学者。这方面,我们不能得其万一。

先生的刚硬拗直,当然与他饱经磨难的人生经验有关。命运的砂石与风雨，磨砺了他经得起摔打的灵魂。这一点，我有直接的感受。记得有一回，我因某事而甚感冤屈，跑到先生那里去诉苦，先生宽慰了我一番，又说此等事体无须怨尤。晚上我又打电话找他诉说，先生在电话中不仅没有安慰而且给予严厉批评。他的批评中有一句话："灵魂要粗糙一点。"对我来说，可谓沦肌浃髓，终身受用。

了解王元化的人，都说其人虽然脾气大，但对人却是极真诚，极好。先生其实是很近人情的。我毕业求职，他写了十几封推荐信。他主持的答辩会，人们说颇富有人情味。有一次他对我说："有我这样的人对你说些心里话，你将来会觉得很难得的。"忽然间我的心里有一种感动。想起春天里有一次同他一起散步时，我去踩软绵绵的青草，他叫我赶快下来，说："那些草正在长。"所谓"望之俨然，即之也温"，先生是也。

先生的客厅不拒三教九流。从中央的要员，到县城里的文化人；从美国的教授，到大学里的本科生；从著名的作家，到市井的骗子。有一回，他的一幅林风眠的水彩画，就被一个骗子说拿去装裱，从此泥牛入海。但是他的客厅依然向每一位来访者敞开。每到圣诞或元旦及春节，他那宽大的客厅里鲜花纷呈，贺卡环室，他可以在温暖的煤气炉边，尽情沉浸于各种美好的想念、感谢、祝福的语辞之中，亦可以沏一壶清茶，浮想联翩于北国的雪、江陵的古城、南方的花市、大洋彼岸的钟声，以及北欧海天一色的明朗。先生的晚年，得此足矣。

但是，先生真的不寂寞么？

先生背得好多古诗，尤其是老杜的诗，大段地背，这着实使我钦佩过好一阵子。但是最使我心动的，还是那天他坐在暮色来临的窗前，吟起那句唐诗：日暮乡关何处是，烟波江上使人愁。是时，晚风极畅，餐室的窗帘全部撩起，我忽然惊异——大敞的窗户竟是如此绝妙的一巨幅画框！放眼看去，远方可辨处是静安寺，霓虹广告光影流荡，鳞次栉比的万家灯火，傍晚的天空大片大片挥洒着如蔷薇和似绀青般的余晖。先生坐在窗前，似有所思。

他的乡关在哪里？

先生近年来多谈待人要宽厚，读书治学要“躁释矜平”。对于学界的意气之争与帮派之习，对于为人的锋芒毕露与小肚鸡肠，深不以为然。我以为这不仅是先生性格气质的某种变化，而且，乃是他一直在思考的一个大问题，关乎“文革”中的中国知识分子的表现，关乎鲁迅以及“五四”的另一面，甚而关乎中国近现代思想进程中某种走极端、趋激进的一面……先生已有文章涉及此问题，我们有理由期待着他这方面的思考继续问世。有人以为，思想家的思想应是永远向着一个目标做直线运动，我非常怀疑此说。陈寅恪先生说：“余少喜临川新法之新，而老同涑水迂叟之迂。盖验以人心之厚薄，民生之荣悴，则知五十年来，如车轮之逆转……”这几句话，值得细参。

先生近年越来越发现中国文化与西方文化相异的一面，尤其是中国艺术中的种种特美。他的《文心雕龙》研究修订版序，正是充分体现此一种趣向的典型。在某些问题上，我容或有不同之见，但在关于中国艺术的特美这一点上，我是无保留地同意的。作为一个见证人，我可以有资格说，这是完全可以理解的一种变化。一方面，只要是一个真正的学人，他就不会隐瞒自己的观点，他就应忠实于自己的心灵的指引。另一方面，只要中国文化中的某些东西是真实的存在的，那么，一个诚实的学者就不可能不与这种存在，真实地照面、真实地相契。先生的学思历程，既是自己对自己尽心、负责，同时也是中国文化精神的一种真实呈现。

先生近来越来越好谈京剧。记得有一天中午稍事休息时，突然被他的一个电话惊醒："晓明呀，快打开电视，有好节目！"我揉着惺忪的眼，使劲捅了一下遥控板。原来是京剧《赵氏孤儿》正在播出。节目完了，先生又打电话来问："怎么样？是很好吧？你怎么不说话？到底看了没有？"先生对于京剧不仅是一般票友的陶醉，且有一种相当深切的理解。

"青灯有味是儿时"，先生近年来多谈及小时候的故事。如何与赵如兰、熊秉明穿越一座大林子，那里面只有蟋蟀的声音叫破了寂静。如何在母亲的弹词吟咏中恬然入睡。读他的那篇《思辨随笔》序，他第一次深情地提到感谢母亲了，字里行间充盈着中国文化中所说的那种"孺慕之情"。读这篇序文，会联想起先生的公子王承义有一天当着我的面，像小孩那样搂着他母亲的肩，对我说："我的母亲是世界上最好的母亲。"惹得我也恨不得我母亲在身旁，也这样搂着她，也同样对她说。

烟波江上，乡关何处？先生在想什么呢？我发现我和他的心情这时很近。

先生在窗前有所思。"多美的一幅油画啊！"我说。

"不，是水墨画。"先生不同意地说了一句。

（首发于财新网，2019 年 12 月 13 日，原题为《王元化和"最得我真传的弟子"胡晓明》）

“徒孙”钱钢

追悼会大厅四壁，层层叠叠的都是用白色鲜花组成的花圈。前来吊唁的学生们，手里也捧着一束束白花。年仅 45 岁的钱钢，就安卧在吐露着芬芳的白花丛中。前来告别钱钢的，基本都是他的学生。那些他曾经教过的，他正在教着的，还有他并没有教过的学生们，流着眼泪，深深地向他们的老师鞠躬，依依不舍……满目缟素弥漫着哀思，烘托出这位热爱学生、热爱教育事业的逝者人格的高洁。

我受先生之托，代表先生，也代表我自己，参加了 2003 年 11 月 16 日举行的钱钢追悼会。在这里，虽然我没有看到有哪位官员或名人到场，但是有铺天盖地的白色鲜花映衬，有整个大厅挤都挤不下的学生们的祭奠，这个场面使我震撼。钱钢的离世，竟是那么多人的心头伤痛！

送别了钱钢，我直奔庆余别墅先生的住所，那里先生正在急切地等待我。他的心紧随我去了钱钢的追悼会，此刻，他尽早要得知的，是送别钱钢的详细情况。我赶到后，就我所见所感，向先生描述了告别钱钢的场景。听完我的汇报，先生踱步窗前，看着窗外隆冬的暮色，沉默了许久，然后说：“一个少有的好人，一个少有的好老师。”抑制不住的痛心，先生的话掷地有声。他说钱钢生性内向，不喜张扬，从不好在先生面前夸耀自己的成就。但是只有一次例外，他带着几分得意告诉先生，他们学校举行了一次不记名的投票，让学生们来推选他们所敬爱的老师，而自己得票最高。除此，先生再没有听他说过教书的事情。直到钱钢去世后，他的好友张寅彭把钱钢学生们写的悼文拿给先生看，先生一口气就读了十几篇。先生说这些文章句句都是爱，字字都是至情。先生说："我才发现，钱钢竟是这样一位深受学生爱戴的好老师。跟我认识的钱钢不同，他在学生面前一点也不拘谨，一点儿也不寡言笑，而是很会说笑话，很懂得孩子们的内心。他引导他的学生去爱生活、爱学问，去做一个富于人性的真正的人。"先生还说："目前的大学正需要这样淡泊名利、勤奋敬业的好老师，尽管他的工作、他的价值，在他活着的时候是被漠视被埋没了。"先生还说："钱钢是我青年朋友中的知己。他理解我，不会因为我说话不慎而对我产生误解和猜忌。他也不像某些人怀有某种实际目的，或言不由衷，或虚与委蛇，而缺乏真情实意。像他这样的朋友，我觉得是很难得的。"钱钢去世后，先生在他的悼念词中写下了"至感痛惜"。他说这几个字虽然很平常，但却真实表达了埋在先生心头的哀思。先生还这样说："多少年来，朋友的去世都使我感到难以抑制的悲痛，不过时间一久，也就逐渐平复下去。但钱钢的死在我心上留下的伤口，恐怕难以愈合了。"

先生靠在床上沉思，我坐在一旁默默陪伴着他。我知道没有什么言辞能够减轻他的痛楚。但是对钱钢的不舍之情，我也无异于先生。那时傍晚临近，清冷和昏暗包围着我们。先生说："你把灯打开吧，我要写一篇文章来纪念钱钢。"我问："现在吗？""就现在！我来说，你拿纸笔来记录。"我知道，先生的伤痛已经压过了饥饿，他已经没有胃口吃饭了。我拿好纸笔，坐在他身旁记录起来。"2003 年 11 月 8 日这天，整日下着雨，就在这样一个阴雨绵绵的悒郁日子里，钱钢离我们而去。他从发病到去世只有 20 多天，享年仅 45 岁。他去世前一个多月，晓明曾约几个朋友在庆余聚餐，钱钢也应邀参加了。那时谁也看不出他有病，吃完了饭，还是他送我上楼来的。临行，他转身出门前，含着微笑向我告别。怎么想得到这会是我们的诀别！”先生不急不缓地叙说着对这位青年学者的印象和评价。最后，文章这样结尾：“钱钢近年来大部分精力致力传统文化的研究，我们经常一起讨论这方面的问题。就我的记忆，似乎我们没有谈过张载。不过我相信他会喜欢张载下面的这段话：‘为天地立心，为生民立命，为往圣继绝学，为万世开太平。’有人说张载此语胸襟广阔、气势恢宏、境界崇高、超迈千古，可为中国士人重建精神家园。文忠告诉我钱钢临终向亲友诀别时，显出了一种内心的平静和安详。为什么会这样？张载说：‘存，吾顺事；殁，吾宁也。’这样一种人生观，一种对生和死的态度，是需要一个人以一生来贯彻自己应尽的责任和使命，才能实现的。我想，钱钢努力去做了，他才在最后的日子里显得那样安详和平静。”整整一个晚上，先生几乎没有中断，一气呵成了这篇纪念钱钢的文章——《记钱钢》。我知道，对一个 83 岁而且重病缠身的老人而言，这是多么巨大的体力和精力的消耗。他当是精疲力竭了。但除此，先生的心不能够安放下来！

先生后来几次把此文收入自己几种著作中的人物篇里。据我所知，先生写过不少和自己交情深厚的朋友，后来还专门编过一本书叫《人物小记》。在先生的“人物记”篇章中，所记人物皆为先生的师友辈，钱钢是先生所记的唯一一位年轻人。

先生和钱钢相识，大约是 1995 年的春天。他出现在先生家那个热闹非凡的客厅中。这个客厅里有众多的年轻人，除了先生的入室弟子，还有不少因仰慕先生的学问、通过朋友甚至朋友的朋友介绍而

先生与王梅凤、钱钢

来的年轻人，也有不少是不请自来的“闯入者”。先生的客厅就是这样向着新朋旧友永远打开。能够出现在这个文化气息浓厚的客厅，在先生近旁接受思想学术的熏染，往往是一桩令年轻人向往的事。钱钢就是我见到的一个熟面孔。那时他大约30岁出头，在上海大学中文系任教。小小的个子戴着眼镜，蓬松的头发微微卷曲，肤色偏黑，见了谁都笑眯眯的，笑得十分敦厚。在一群侃侃而谈的年轻人中，他偶尔发表几句看法，表现得波澜不惊。大多数时间，他是不引人注目的一个“听客”。

在大家离去后，先生会把他留下，这时他才打开话匣子。他会谈及近来收集到了一些有关先生的文章的反馈信息，或听到社会上对先生的论著有什么样的反响。原来，先生把搜集学界和社会上回应自己学术思想研究的文章，以及编著《王元化学术年表》的任务交给了钱钢。先生的入室弟子陆晓光、吴琦幸出国了,其余几位也各有分工。显然,和先生的弟子们一样,钱钢是先生觉得可以托付的人。有时,先生还特别会关心钱钢的家人,他的父母亲及女儿的情况先生都会一一问及。我很意外为什么对钱钢的家人,先生会那么上心。先生告诉我说:“虽然钱钢不是我的学生,可是,他父亲却的的确确是我的学生。我在 1940 年代时就教过他的父亲。结果,他父亲并没有跟我做学问,而去做了生意,结果做得也不成功。可我学生的儿子却一心治学,刻苦钻研文学批评,经常上门向我问学求教,还帮助我做了很多事情。所以,钱钢实际上是我的‘徒孙’。你说有意思吧?”徒孙?就是说也是门内的弟子!先生心里,还是认同钱钢和他有师承的。我和钱钢说:“我和你也是一样的,我也是因为父亲 1930 年代在地下党工作时和先生交好,我才会走向先生。”这样,我和“徒孙”格外亲近,我们都是由于父辈的关系而来到先生的身边。

先生曾对我说,在他的弟子中,钱钢算不得聪敏,但是他踏实用心,是一个最靠得住的年轻人。先生本楚人,生性有点暴躁,碰到不满意的事情忍不住就要发火,颇使人生畏。他的弟子们几乎都有过“挨骂”的经历。唯有“不聪明”的钱钢,一贯踏踏实实、中规中矩,从来没有挨过先生的骂。

日积月累,钱钢手头汇集了越来越多的资料。先生自己也在收集方方面面对自己著作的评论,然后一一交给钱钢汇总。上海图书馆新馆开馆那年,钱钢兴冲冲地去查阅,挖掘到了一批先生在 1930 年代为报纸杂志所写的杂文和专栏文章,让这些佚文得以重见天日,充实了先生的学术年表。从那一年开始,钱钢开始了先生的学术年表的整理编写。这是一项一步一个脚印,进展缓慢的工程。经年累月在推进着，“结果”却不知要到哪一天。那时，弟子傅杰分担编辑《学术集林》，他的心血每隔数月会结出果实，一本接一本的面世；翁思再配合先生进行京剧与中国传统文化课题研究，也有专著引人瞩目；而钱钢负责的学术年表年复一年都在进行时中。他要教书、要照顾家庭、要做自己的研究，同时，还要一丝不苟地为先生编撰着似乎看不到止境的学术年表，但是，钱钢总在乐呵呵地忙碌着。21 世纪即将到来的时候，浙江富阳华宝斋古籍印刷厂蒋放年先生应承了要为先生编印一函十卷本的文集。先生请钱钢担任编辑，还收录了由他编著的《王元化学术年表》。钱钢的辛勤劳作终于结果了。我为钱钢感到高兴。可是钱钢似乎并不在意，因为先生的学术活动还在继续，先生的学术年表还在伸展着，意味着他并没有“完工”，他的劳作还不能画上句号。

可是，很出人意料地，先生的客厅里突然不见了钱钢的身影。也许是家里一时出了什么事情，也许是学校有什么重要的工作安排，总之是什么意外羁绊住了钱钢，使他不能分身吧。可能过不了多久，他又会笑眯眯地回归先生的客厅了。多日不见钱钢，令先生显得若有所失，而且隐隐有一丝不祥的预感。是什么原因，让先生的“徒孙”突然不见踪影？记得在那些日子里，先生曾在瑞金医院住院。我陪先生在病房走廊散步，走到电梯边朝北的大玻璃窗前，先生看着窗外一大片铺开的红瓦屋顶，指着近前缝隙里的一幢小楼：“你看，钱钢就住在那里！他请我去过他家。”先生自己病了，还念叨着钱钢，说希望钱钢生活好。

先生的预感不是无缘无故的。钱钢的妈妈去世很早，是患肝癌离世的。不幸，钱钢的肝也出问题了。出自本能的，他希望通过努力，让奇迹会发生。他四处求医问药，他希望战胜病魔。

年轻的钱钢，正值盛年，生命力仍然是顽强的，和病魔搏击，病退我进！一度，钱钢又能够带着他那格外敦厚的微笑，来到先生的客厅了。那一年先生去杭州灵隐的中国作家协会创作中心起草《与友人谈社约论书》一文。钱钢带着爱人和女儿专程去杭州看望先生。先生喜出望外，留他们在创作中心小住，先生还在自己的日记里记下了他们的到访。此后，先生的学术年表又要继续延展，先生还决定请钱钢来编著自己的论著的评论集。凭借钱钢积累多年的资料，再加上先生自己保留的文章，出一本书已经足够了。趁着生命之火还在闪烁，钱钢奋不顾身地投入编辑工作。但是，还是迟了一步。2003 年 4 月，《一切诚念终将相遇——解读王元化》一书，由湖北教育出版社出版。钱钢以心血浇开的花，却来不及看到它的绽放。

死亡阴影一直笼罩着钱钢，他心里是明白的。就在这样的险境中，他和时间赛跑，不向死神屈服。他在自己的学术研究上也拼死发起绝地突进。他从文学批评史跨越到文化研究领域，这是难度极大的，可是钱钢不畏科研之苦，遭受了常人不能够想象的艰险和困厄。在 2003 年第 9 期的《博览群书》上，他发表了先生认为极有水平的论文。这是他的最后几篇论文之一，先生说只要把他的这几篇文章和他以前写的同类文章相比较，就可以知道他为这种转变付出了多少常人难以做到的努力。

2002 年 10 月上旬，又有一段日子没见到钱钢了。适逢先生也患病住进了瑞金医院。他不放心他的“徒孙”钱钢，在医院里，他给钱钢家里打了电话。接电话的是钱钢的爱人小林。电话那头小林在抽泣，发出微弱的细语。先生听不清楚小林在说什么。钱钢本人接过了电话，他告诉先生，他正在发烧，肝部发现肿块，肝癌已经是晚期了。这个消息使先生吃惊，他不知道说什么好，因为说什么样的安慰话，现在都已无济于事。

接下来的日子，就是一连串的坏消息。钱钢住进了长海医院的东方肝胆中心，进行最后的抢救。先生虽然自己也在住院，但没有一刻不在挂念生命垂危的钱钢。朋友们也为钱钢悬着一颗心，纷纷询问钱钢的病情，充满了关切。生死关头，钱文忠显示出了对待朋友的赤诚之心。他每天去长海医院陪伴钱钢，安慰钱钢。钱文忠和钱钢说说笑笑以减轻患病之人的压力，在经济方面也慷慨解囊，那时正是需要花钱的关头。先生也托文忠给钱钢送去一笔钱，先生说他无力为他的“徒孙”做些什么，以此聊表寸心。美国斯坦福大学的邵东方也是钱钢多年的朋友，他也多次来电询问能够为钱钢做些什么？他和我们一样，希望能够发起一个捐款来资助钱钢。总之，钱钢的每一个朋友都为他惋惜不舍。但每天传来的消息却都在击打着朋友们的心。文忠来报告，说钱钢开始大量地吐血，全身泛出肝癌末期病人所呈现的黄色，腹部一天天已控制不了地肿胀起来……一个周末的下午，文忠急急来电：“大姐，你在哪里？钱钢恐怕不行了，我来接你一起去一下，我们一起去向钱钢告别。”那天我正在学校值班，文忠的车子匆匆赶来带着我去了长海医院。

在长海医院，绕过曲曲弯弯的走道，到了连过道都塞满了病床的东方肝胆中心病房。钱钢和其他几位脸色晦暗的病人同居一室。他闭着眼睛，不再朝我露出他特有的敦厚的微笑，他已经不能够再笑对这个世界了。他不会知道，我和文忠匆匆赶来，我们还希望再看看他，希望告诉他我们舍不得他，想和他说一句再见！转眼之间，就这样无力回天，就这样要天人两隔了。年仅45岁的好兄弟钱钢，就要早早地离开这个世界，离开他追随的先生和热爱他的朋友们。

此后多年，先生还时时会想起钱钢。每当钱钢的好友张寅彭来访，先生总要向他专门询问钱钢的爱人小林和女儿雪儿的生活情况。听说雪儿进了小林任教的学校就读，学习很优秀，她们母女俩相依为命，但生活尚好。先生很是欣慰。先生把继续增补学术年表的工作，移交给了钱钢的弟子吕晨。先生还在湖北教育出版社出版的10卷本《王元化文集》中，特别收入了钱钢编撰的经过增补的《王元化学术年表》。先生心中，他的"徒孙"钱钢一直都在。

2008年5月，先生也走了，先生的客厅成了回忆。没有了先生，他的弟子友人们变得聚少离多。而我也逐步和外界减少了联系。有一天，有位记者来电说要采访我，内容是关于一位闻名世界的中国摄影大师汪芜生先生的逝世，我和汪先生是结交50年的挚友。这位记者对我说："蓝云阿姨，我是雪儿啊，是钱钢的女儿。""哦，雪儿，钱雪儿！你都这么厉害啦！欢迎你采访我，你希望知道什么，我都会告诉你。"

此刻，在我眼前又浮现出钱钢敦厚的笑容，他应该可以由衷地欢笑了。

（首发于财新网，2019年12月26日，原题为《王元化和"徒孙"钱钢》）

伯乐相马

——先生和吴洪森

1981 年前后，有一个毕业于江西九江师专的上海小年轻，他是既没有背景，也没有靠山的 69 届初中生。1970 年代时下放到江西，1978 年恢复高考后，考入了江西九江师专中文系。1980 年在校读书期间，他花了很大的功夫，写就了一篇分析法国名著《红与黑》的文学评论——《形象的爱情心理学》，信心满满地向北京《文学评论》投稿。稿件投出后，他开始等待回音，他对自己的心血结晶充满了自信。可是等了 3 个月，等来的却是一盆冷水：退稿！心有不甘的他向《外国文学评论》继续投稿。又是 3 个月的等待和“冷酷无情”的结果：退稿。他还是不屈不挠，把退回来的稿件再次投了出去。又过了 3 个月，居然得到的还是同样的结果：退稿。这一来差不多就耗费了近一年时间，这时他已经被分配在江西的一所普通中学担任语文老师了。

真是叫作“欲渡黄河冰塞川，将登太行雪满山”。走投无路的他实在是咽不下这口气：天下就找不到欣赏这篇文章的刊物了吗？

他相信自己的才能和所下的功夫，但是通向成功的路“在何方”？走投无路的他，鬼使神差般给刚平反不久的著名文艺评论家王元化先生写了一封信。这位小年轻叫吴洪森。他给先生的信中这么写道：

尊敬的王元化先生：你好！

奉上一篇三投不中的稿件，此文为扫荡教条主义文风而做的，希望能得到先生的指教。

不想先生读了来信和来稿，第二天就给素昧平生的洪森热情回信：

洪森同志，大作收到，深感欣慰。你的《形象的爱情心理学》一文深入细致地分析了《红与黑》，这是难能可贵的，我希望你多努力，更多地写一些这样的文章出来。

先生很快把这篇论文推荐给了《上海文学》执行主编李子云，李子云立即请编辑部主任周介人联系了洪森。1983 年第 5 期《上海文学》发表了这篇屡投不中的文章。这是中国文学界首次以心理分析的方法评论文学作品。《上海文学》此前从来不发外国文学评论，这次可能是由于先生的大力推荐才破了例。

先生提携吴洪森的故事，很快在九江师专中文系传得沸沸扬扬，鼓舞了许多年轻人。

1982 年寒假期间，先生邀请洪森来自己家里坐坐。就这样误打误撞，吴洪森一脚踏进了先生家的客厅。

初次到先生寓所拜望先生，洪森心里满怀感激，但还是免不了有些战战兢兢。去见一个赫赫有名的大学者，对于洪森来说是从未有过的经历。先生对他非常亲切，问他都看了些什么书，还拿出自己前不久出访日本开会时的照片给洪森看。最后，先生还给洪森写了 3 封介绍信，分别向李子云、蒋孔阳和徐中玉先生介绍了这个希望走上文坛的年轻人。先生写完信后用正规的信封套好，并端端正正地写上了收件人的姓名，先生把信交给洪森，并叮嘱：你要先把信寄出，再打电话预约，不可贸然上门。先生的热心和细致，使得洪森满心温暖。没有料到，自己一个籍籍无名的小文青，会得到先生这样一位大家的爱护和鼎力相助。

之后，洪森考进了华东师范大学中文系的研究生。他思维敏捷，性格开朗，善于发表与众不同的新锐观点。而在先生家里，他也成了常来常往的熟客，还经常带着自己的同窗朋友们来看望先生。

洪森女儿燕妮 14 岁那年，突然向洪森提问："人生的意义是什么?"洪森说我回答不了，我带你去请教王元化先生。

燕妮向先生请教"人生的意义是什么"?

1999 年 5 月 4 日，是五四运动 80 周年的那一天，他带着自己的女儿燕妮一起来看望先生。小姑娘小时候曾被父母带到过先生家，还让张可阿姨抱在膝上留了影。再见先生，她已经是个少女了。她问先生："人生的意义是什么？"先生说："你这个年龄关心这样的问题非常有意思。但是，这个问题没有现成的答案。需要自己带着这个问题，在人生的实践中不断去寻找。我曾经一度以为自己找到了这个问题的答案，后来发现错了，又重新找。我希望你不要放弃这个问题，不断地探寻思考，直到找到为止。"小燕妮点点头，从此记住了王爷爷的这句话："在人生的道路上努力寻找生命的真谛。"

洪森1991年时远渡重洋去了美国。1994年，洪森从美国回到了香港，在报社工作。我认识洪森是1997年前后的事情。1997年我见到他的时候，他在香港《明报》担任中国新闻首席记者，经常往返于香港与内地。

记得那天在先生的客厅里，突然走进来这么一个面孔狭长、头发蓬松浓密的人，是一位其貌不扬谈吐却慷慨激昂的小个子，先生向我说，他就是我久闻其名的吴洪森。

2003年洪森女儿考上了香港中文大学并拿到了全额奖学金。洪森没了经济负担，立即就辞职不干了。他说他最向往的就是自由。经报社挽留，他答应做副刊的兼职组稿编辑。他重新回到了上海成为"自由人"。洪森的交游甚广，和他年龄相近的作家一般都是他的朋友，这样就为他组稿打下了基础。

在先生的客厅里，更是"笔杆子"成群结队，洪森很快和大家打成一片。每逢有年轻人的活动，洪森是少不了的角色。

先生还是蛮赞赏洪森的。他对我说："洪森的文章和小说还是写得不错的。他善于写他熟悉的生活，你可以看看。"我看了一些，记得有一篇题为《半夜回家怕淑女》。写的是他在香港报馆上晚班，半夜下班回家要拐入一条弯曲的小巷，正好有一个女子走在他的前面。

碰巧，他们走的是同一条路，那位女子惊慌于无法甩开身后的人。女子越走越快，恰巧洪森也急于回家，两人一前一后在深夜不见人影的小巷里疾走着。终于快要到家了，女子冲到楼房的门口，急忙打开房门冲进去。真是无巧不成书，洪森家也住在这栋楼。洪森也只好打开这同一扇门，走进同一个楼道，吓得那女子几乎要厥倒。这时，洪森慢慢取出信箱钥匙，打开信箱，把里面的报纸和信件拿出来。他意在告诉那个失魂落魄的女子，我也是这座楼里的住客，我不是坏人。电梯门打开以后，厚道的洪森没有进入电梯，避免和该女子一同乘电梯。文章的题材和描写都很有趣。我还看过他写他的小时候相对困苦的家庭生活回忆，写他的女儿，这些都写得很有感情。

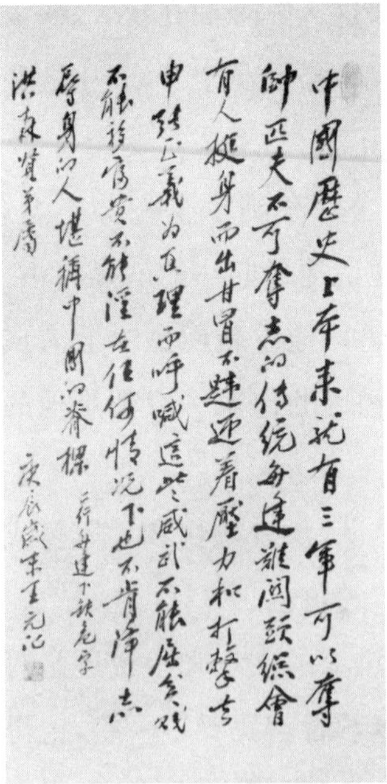

吴洪森乔迁新居，先生赠送墨宝致贺

但先生对他更为欣赏的是，他经常会有一些“小机灵”。比如有一度他出主意在全国范围内提倡树葬，可以植树造林，防治沙尘暴侵袭和土地沙化。总之，先生会经常告诉我洪森的奇思妙想，他的文章，先生也常会给出不俗的评价。洪森突然一度写起经济理论文章来，他拿给先生看，先生说这个我是不懂的。正好经济学家吴敬琏来看先生，先生奉上洪森的文章，不料吴敬琏却说写得很好啊！

2002 年 10 月，先生带着我们一帮人去洪森新居道贺。记得前去的有我和我父母，还有李子云、姚以恩、高克勤、钱文忠、毛尖、胡晓明、陆晓光等，一共18人。

洪森新居的墙上挂着先生于2000年时写给洪森的题词：

> 中国历史上本来就有“三军可以夺帅，匹夫不可夺志”的传统。每逢危难关头，总有人会挺身而出，甘冒不韪，迎着压力和打击去伸张正义，为真理而呼喊。这些威武不能屈、贫贱不能移、富贵不能淫的人在任何情况下也不肯降志辱身，堪称中国的脊梁。
>
> 洪森贤弟属
>
> 庚辰岁末王元化

先生80岁后多次书写这段文字。洪森对先生的这幅书法解释说，这是与先生晚年的思想变化有关系。先生1990年代时非常重视理性精神。《九十年代反思录》重新思考和评价“五四”，就是这种理性精神的具体表现。进入21世纪，先生有一个很明显的变化，言谈间多了一个话题，就是重视知识人的风骨。2000年底，洪森拿着一篇写陈寅恪的短文《平生所学为余骨》请先生指教。洪森说他写这篇文章是有感于陈寅恪眼下虽然成了大热门，但大多数只注意到他学问的渊博和天才般的记忆力，这些都是常人难以企及的；他们忽略了陈寅恪身上读书人都可以学的东西，这就是他的风骨。先生很赞同洪森的观点。先生对他说，学问不论西学还是中学，最后还是要落实在风骨上。

2016年，洪森为李文熹先生散文集写的序中，引用了先生在《人文精神与二十一世纪的对话》一文中的一段话：

> 对知识和文化的信念，对真理和道义的担当，对人的自由命运的关心，永远都是人文知识分子的尊严所在，没有这些东西就没有人文的意义。……这些信念和追求并不只是一些光秃的冲动，而是有内容的，考虑后果的，负责任的。总之，既有积极的理性精神，又对理性的限度和责任有真实了解的知识人，才是21世纪真正有力量的知识人。

洪森说起先生晚年极为重视做人的尊严，知识人的风骨，他认为这些才是追求自由和勇于担当的基础。

先生在世的时候，洪森经常带着朋友同来看望先生。洪森属于用不着事先征得先生同意，就可以带朋友上先生家来的人，这其中多有热爱读书的女友。先生和我们会笑他："又换了女朋友啦！"其实我们心里都明白，这些女青年只是希望跟着洪森见见她们景仰的前辈学者罢了。可是洪森有些得意，他对我们宣称："我从来都是'往来无坏蛋，谈笑有红颜！'"呵，这就成了洪森的名言，也成为我们和洪森开玩笑的一个专门话题。

有一次，在先生处有一阵没见洪森，我问先生："怎么洪森有些日子不来了？"先生神秘兮兮地对我说："洪森犯桃花了，你还不知道吗？说是有个'内蒙古美女'寻上门来，缠上洪森了。"说是在网上认识的，洪森可真是够浪漫的。

过些时候洪森来了，我们就忍不住关心他和"内蒙古美女"的事情。可是他说："你们不要瞎传好吧！"他告诉我们那是他所办的真名论坛上的一位网友，研究生毕业，想在上海找工作，托洪森打听。洪森一位搞个人出版业务的朋友徐跃正好要找编辑，洪森就把简历转给了徐跃，徐跃觉得不合适。“内蒙古美女”打电话来询问徐跃的时候，徐跃不好意思直接拒绝。这时洪森人在美国，徐跃就委婉地对美女说，等吴先生回来再说吧。洪森刚回到上海，“内蒙古美女”得知洪森回来就立即从内蒙古坐火车来。她在北京转车的时候给洪森来了电话。洪森问，是徐老板叫你来的吗？她答道，徐老板说要等你回来。洪森明白她是没有听懂别人拒聘的委婉语。可是人已经来了怎么办？洪森打电话给徐跃，告诉他美女没有听懂他的婉拒，人明天就赶到上海了。这样，就由洪森管她住宿，请徐跃负责她的来回路费，并且面试她的时候明确告诉她不予录用。徐跃答应了。洪森让姑娘在自己家住下，然后请另一位女友叶襄带着她去游览上海外滩和城隍庙，顺便帮她买了几件替换衣服。“内蒙古美女”在上海逗留了四五天就打道回府了。但是在先生面前故意拿洪森开玩笑的，大有人在。于是就有了洪森在网上结识了“内蒙古美女”，结果对方找上门来。先生因此大乐，逢人就讲洪森与“内蒙古美女”的故事。

“内蒙古美女”轶事让我们乐了好一阵子，见了洪森人人要问及此事，洪森极力分辨，大家就嘲弄得愈加来劲，后来还是先生给解的围。先生说：“你们不要再把‘内蒙古美女’当笑话来开玩笑。事情已经过去了，可以看出，洪森确实还是一个好心人。你们大家不要再纠缠不放了。”先生发话了，大家也就闭上了嘴。

记得是在2001年，先生的身体日渐衰弱，但仍是稿约不断。周海婴写了一部《鲁迅与我七十年》，他把书稿拿来请先生作序。鲁迅先生的儿子来求序，先生自然是不好推辞的。先生选择了请洪森相助，洪森也慨然应允。为了躲避干扰，他们一老一少去了杭州，在大华饭店住下。洪森仔细阅读了书稿，还看了一些相关的资料。他备足了课，和先生进行了一场关于鲁迅先生的“答问”。洪森本来就有做记者的功底，提出的问题都很有针对性。先生对鲁迅的研究是青年时代就奠定起来的基础，两人一问一答十分顺利。其间，先生还告诉洪森，自己年轻时曾经和许广平有过交往。那是在抗战时期，先生和一群年轻人演有关鲁迅的话剧，许广平曾经前来给他们做指导。先生和洪森埋头工作了大约十来天，洪森协助先生完成了《鲁迅与我七十年》的序言，先生对这篇文章很满意，对洪森的工作也很满意。

先生关心洪森的前途，不希望他这样成天价东写写西玩玩，终不成大器。他一直希望洪森回到学术研究的领域中来。适逢上海交通大学创办了人文学院，需要招聘有水平的教师。为此，先生专门写信给上海交大的校领导，极力推荐洪森。交大校领导因此委派人文学院院长和书记来拜见先生，具体商谈洪森去任教的事情。先生承诺，如洪森去交大任教，他将在交大人文学院主持一个国际学术讲座，每年邀请国际上人文领域的学术权威来交大开学术交流会。可见先生是多么的关心和器重洪森。有了先生的推荐，交大校领导当然很是重视，他们同意接受洪森，也让洪森前去试讲。终因为种种复杂的情况，洪森没有能够去交大人文学院，我们和先生一样感到遗憾。此后，洪森一直为香港的报刊担任组稿编辑，在上海和香港之间南来北往，每两个月去香港述职一次，其余时间住在上海。这样他来先生身边的时间就多了。特别是最后几年，先生长时间住医院，除了我以外，洪森是陪伴先生时间最多的人。

洪森那时候基本天天都会来，他是来和我“并肩作战”的。他的家在莘庄，到瑞金医院来回需要两个多小时。但是除非他去香港，每天他也是尽心尽力前来守护病重的先生。洪森从来不和先生谈论病情，也不会劝先生多吃一点。他的情绪和先生没病的时候一样，他与先生谈论学术和时政问题。他说他守护先生的目的，就是让先生忘记病痛。

他还和我一起处理先生要求我们做的事情，帮助先生接待一波一波的访客，特别是担负起先生最后的心愿——建立“王元化学馆”的规划和具体工作。他和先生商量，学馆要设置哪些学术研究方向，要汇总哪些资料，要怎么设计外观和内部展示，要如何来搭班子……洪森是最先协助先生发起筹建“王元化学馆”的人。后来，先生立了字据，希望汇总档案馆、上海图书馆的有关资料，交由华东师大“王元化学馆”，供日后学术研究之用。洪森也是此事的见证人之一。先生的身后事，有些也交代洪森操办。

在先生最后的日子里，洪森推掉了自己的许多私事，天天陪伴病重的先生，尽自己的力量守护先生。可以看出，他有多么的心疼先生。他多么希望通过自己的呵护，分担先生的痛苦，了却先生最后的心愿。自从他“闯”进了先生的客厅，他就和先生结缘终生，情系一辈子了。

陪先生，一程又一程…… 终于，先生走不动了，他要睡去了，永远地睡去了。我们左右不离地相伴，一直到最后。洪森和我，如同他的儿女，须臾不离。慢慢地、慢慢地，搀扶着我们的先生，最后，目送着他，远去……

先生走后，我和王门弟子往来渐稀，和洪森的来往也少了许多。只是经常可以看到他写的“洪森评论”，观点新颖，常评常新。谈到他的观点，他自己是这么说的：我的生活分为两个部分，一部分是公民生活，微信就是用来尽公民责任的，所以他从来不在微信上闲聊风花雪月；还有一部分是他的私人生活，除了一贯的喜欢阅读交友之外，他还喜欢玩收藏。

先生过世后，他提及先生，就宣传先生晚年重视风骨的思想观点，以此纪念先生，也证实了先生扶掖后生的独特眼光。

（首发于财新网，2020 年 3 月 13 日，原题为《王元化和吴洪森：伯乐相马》）

农民企业家蒋放年

先生的客厅是个文人雅士云集的场所，往来者也多是文化艺术的爱好者。其中上海人居多，但也有不少不远万里而来的“朝圣者”，有从外省市甚至从国外，跋山涉水慕名而来的访客。这其中有一位皮肤黝黑，一笑起来阔阔的嘴巴就咧开了半个脸的，个头粗壮的浙江乡村汉子，分外“另类”。

当然，先生处也有一些农家拜访者，那多半来自先生的家乡，湖北荆州来的乡亲。他们大包小包提着的是先生爱吃的土特产。我记得有先生喜欢的家乡的“豆丝”，一种豆粉做成的面条。先生说用鸡汤下来吃，比上海的面条美味。他们还带给先生一种菌油，会散发出一种异香，滴上几滴在面条里，不由得你不流口水。先生对乡亲十分友好，他会回礼给他们，多数是把别人送他的礼物，再分送给这些乡亲。他还计划把别人送他的签名本书籍凑满一万本，给荆州办一所图书馆。捐到 3 000 本后，因领导换人了，建图书馆的计划就此搁浅。

这位壮实的农家汉子，操着一口浙江方言，显然不是先生的家乡人，他又是从哪里来的呢？先生介绍说，他是浙江杭州（其实是富阳）古籍印刷厂的厂长蒋放年。他的厂里专门生产手工宣纸，还印刷仿古的古籍线装本，这是一位农民企业家。

大约 20 年前，蒋放年开始创业。他没有多少文化，钱也不多，有的只是埋头苦干的精神。他不怕吃苦受累，四处闯荡广交朋友。一次，他去找顾廷龙先生(已经无法考证他是怎么和顾廷龙先生结识的了，据说他经常请顾廷龙先生为他那些线装书籍题写书名)，在那里他碰到了同样善于交际的《劳动报》记者王正国。王正国是有着“名人的‘掮客’”美誉的，上上下下几乎就没有他不认得的人。蒋放年因此如鱼得水，活动范围一下子扩大了许多。

王正国先是领着蒋放年拜访了汪道涵，蒋放年把几函自己制作的线装书恭恭敬敬地呈送到了汪道涵的书桌上。这是多么格调高雅的见面礼啊！不由得你不高高兴兴地接受。蒋放年想请汪道涵为富阳古籍印刷厂担任顾问，汪道涵居然很爽快地就答应了，说：“你们这个工厂开得很有意义嘛！传承、发扬传统印刷技艺是一件有利于弘扬传统文化的大好事，我支持你。”这话说得蒋放年咧开大嘴，笑得无比欢畅。汪道涵还给出了一个主意：“你们为什么不去请请王元化呢？他是真正有水平的专家啊！请他给你们出出主意，一定对你们帮助很大。”

于是，王正国领着蒋放年敲开了先生家的大门。

面对这两位“不速之客”，先生虽不知道他们有什么意图，特别是这位看上去庄稼汉模样的客人，但先生还是热情接待，耐心听他们介绍了事情的来龙去脉。先生一听，好事情啊！一个致力于文化事业的“乡下人”，自己文化程度不高，但是他有自己的“自知之明”，能够虚心向“臭老九”请教，弥补自己的短板。他认为蒋放年质朴得可爱，对蒋放年产生了好感，并承诺为富阳古籍印刷厂做顾问。

先生可不是说说而已，而是设身处地为蒋放年着想。什么书的哪些版本有价值去印，哪些书的内容有什么特殊意义，他一一对蒋放年详尽地说明，以及有哪些版本学的专家不可不去咨询。他开了古籍版本方面有关专家的名单，并为蒋放年写了介绍信。先生还关照蒋放年，书籍的选印字体要规范，其中有很多讲究，不能够马虎；纸张要匀净，不能够有疵点；质量要精益求精，不能够只是追逐经济效益。先生的叮嘱，使得蒋放年在古籍整理影印业务上一下子上了一个大台阶。碰到了先生，蒋放年说自己是遇到了“贵人”指点，信心大增。

但凡有新书面世，蒋放年就从富阳驱车来沪。先生那里一时间堆满了许多磁青色封面的线装书籍。先生陆陆续续地把我能够读懂的唐诗、宋词、元曲，甚至《红楼梦》《金瓶梅》等线装古籍赠送给我，我也算是分享到了先生和蒋放年结交的“红利”。

一年又一年，富阳古籍印刷厂的规模也不断成长壮大，他们自己生产手工宣纸，还增加了水印木刻的古画，产品销售一片红火。生意好了，蒋放年一家都忘不了帮助他们开疆拓土的先生。

蒋放年经常邀请先生去山清水秀的富阳做客。先生外出一般喜欢现代时尚风格的酒店，我怕先生不习惯蒋放年的食宿安排，曾经劝过先生，人就住在杭州，去富阳就参观一下，看看就回来。先生却说：“这是蒋放年的一片诚心，不能辜负了别人的善意，如果不在他那里住上几晚，他心里会难过的。”先生基本不是一个太能够委屈自己的人，但他仍愉快地接受了这位农民企业家的邀请。

先生曾经去过富阳印刷厂 3 次，两次在富阳过了夜，还有一次是从杭州过去的。那一次，我和舒传曦夫妇一起陪同先生。

富阳印刷厂厂区很大，雄踞在秀丽的富春江边。建筑顶部有层层飞檐，是带有中国传统样式的房舍。在一个大车间里，一旁是个很大的纸浆池，里面安放着一层网架，工人们正从纸浆池里捞起网架，轻轻揭下一张半透明薄蝉翼般的宣纸，经过晾干就能制成一张手工的宣纸。我们还去参观了印刷车间，和一般的印刷厂相比，宣纸印刷是不一样的。因要用棉线装订，全靠传统的匠人手工劳作，只适合生产小批量的书籍，所以经济效益比较有限。多亏了蒋放年的女婿小张统管厂里的生产销售，他非常能干，是蒋放年的得力助手。后来，这家工厂还被列入了“爱国主义教育基地”，供广大中小学生前来参观中国传统的造纸术、印刷技艺，可谓一举两得。

记得那天是在蒋放年家里用的午餐。一张大圆桌上，满满当当的鸡鸭鱼肉和新鲜蔬菜，是不折不扣的“农家菜”。蒋放年的太太和儿女，加上我们这些来客，挤满了整个饭厅。餐厅四壁，挂满了省市领导前来印刷厂参观的照片。我们大家吃得有滋有味，谈笑风生，先生也很高兴。饭后，先生和舒传曦还在蒋放年事先预备好的画案上作画题字。

蒋放年对先生是掏心掏肺般好。先生每去杭州，他都会安排车辆接送先生。要知道，他的车辆要一清早从富阳开出，到上海接上了先生，送到杭州的下榻之处，再返回富阳。回程同样，从富阳出发，在杭州接了先生，送回上海，然后返回富阳。习惯了，先生也不觉得会麻烦蒋放年，而为先生做一点事情，蒋放年是真心感到荣幸。先生对我说：“我还是喜欢用蒋放年的车，他是真心待我的。我绝不用单位给我派车，说不定给我脸色看，还落别人说话。”我明白，先生不用公车做私事。

先生自己想出版一函线装书，书名为《清园文稿类编》，共计 10 本。这套书是由先生自己策划，钱钢编辑，舒传曦题签。书稿完成以后，就交给蒋放年去印刷。先生非常满意这套一函十本，有着磁青色封面的线装书。他很得意地说：“现在要出一本书不难，要出一函线装书，不那么容易的。这多亏了蒋放年。”

先生把这个农民企业家当作自己人。蒋放年的女儿蒋凤君，是蒋家飞出的小凤凰，蒋放年很为自己的女儿骄傲。凤君考取了北京大学，毕业后协助蒋放年一起打理自家的书店——华宝斋。他自己没有文化，而女儿弥补了缺憾，凤君的书店开得兴旺。蒋放年带着凤君看望先生，此后，凤君也常常去先生那里，向先生讨教，而先生也把凤君当作自己的孩子，经常会给凤君一些开好书店的建议。先生对我说：“蒋放年有了张金鸿（凤君的丈夫），富阳印刷厂就有了得力助手；有了女儿凤君，他的华宝斋也就不担心接班人了！”他一直很为蒋放年高兴，并劝蒋放年说：“有了孩子们，你就不要这么辛苦了，多歇歇吧，让孩子们去忙吧！”不过，蒋放年是那种全身心投入如“老黄牛”般不知疲倦的劳动者。他不分日夜地奔走操劳，一心想把事业做得得越来越大，但他不知自己也该歇歇脚，去享受一下人生。在他还没有开始注意到透支人生的危害时，危机就冲着他袭来了！

蒋放年得了癌症，突如其来，猝不及防！

先生为他难过。他来看先生时，气色晦暗，先生劝他别干了，专心治病。他咧开大嘴无奈地笑笑：“我已经看过医生了，正在吃药呢。厂里的事情，我不管不行啊！”看起来，他还是舍不得放手。先生没有再加劝说，先生说：“他太固执，是一个听不进劝的人……”

先生还在琢磨，如何可以让蒋放年好好治病时，蒋放年的儿子蒋山来了，给先生带来了蒋放年去世的噩耗。没有几天时间，先生的这位农民企业家朋友就离开了他热爱的事业，和他的家人，也离开了他敬爱的先生，撒手而去。

后　记

这本小书《王元化及其朋友》，终于写完了。

我写得并不从容，原因自然是自己的功力不足，不能够下笔如有神助，只能吭哧吭哧埋头码字。总是有言不达意时，不能够洋洋洒洒地写出先生身边那些性格各异的友人们，他们都是一样对先生充满了景仰和爱戴。我记录下了我所见到的和我所经历的有关于他们和先生交往的故事。先生人生最后的 14 年间，我一直追随先生左右，也和这些朋友们交好，有的则如同亲姐妹亲兄弟。先生除了对学术思想的思考，还有对日常生活的好恶，对美好事物的喜爱和对人间真情的善意。很惭愧，我跟不上先生研究学术的脚步，但也很幸运，先生追求生活中的真善美，于此我们又是十分合拍的。在先生的身边，我更多地看到了先生充满人情味的一面，见到了他如普通人一般的喜怒哀乐。我把这些经历写出来，能让大家见到一个有温度、有情绪的，会吃喝玩乐的可爱老人。

我写得不那么从容的原由，还因赶稿阶段不慎右手腕粉碎性骨折，开刀钉了两块钢板，真是屋漏偏逢连夜雨，我的右手“武功”全废。像“左撇子”一样一个字母、一个字母地敲击键盘，还有什么效率可言？怪自己不走运，正在离不开右手的时候，偏偏来事！还好，大家安慰我，鼓励我，也迁就我降低了效率，这让我更加没有理由服输了。我忍着疼痛，努力恢复右手的功能，一个阶段下来，我又能够左右开弓了。正是应了那句叫作“你软它就硬，你硬它就软”的话啦！

在这本书里，我记下了先生19位朋友的故事。其实，先生的朋友又何止这些？他的朋友太多了，几本书都写不完。

他的客厅是天下最热闹的客厅之一，名人贤达在这里畅谈学术、时政，各界人士在这里谈笑风生，还有许多慕名而来的“闯入者”，他们在这里各得其所，都有所收获，先生也从各路友朋那里打开了眼界和思路。先生的客厅独一无二，先生的朋友难计其数，我没有本事把他们统统描绘出来。

想写的和应该写的人还有很多。比如刘人寿伯伯，他总是穿着一身黑呢长大衣，悄无声息地迈进先生的客厅，像飘进来似的。他和先生说话总是头挨着头，像说着“悄悄话”。先生对我介绍道：“刘伯伯曾经是潘杨集团案件的重要受害者，他在告诉我秦城监狱中的往事。”刘伯伯就对我微微一笑：“那样的日子，现在再回想起来都感到不可思议，我是怎么熬过来的。啊，你们想象不到的。”他在微笑，但是让人觉得那样的笑容像是在哭。等到他终于平反见到天日时，他的妻子又罹患重病，需要他照护，而他已经是个遭受了几十年折磨、耗干了精力体力的风烛残年的老人。他住在先生家附近，先生家是他经常可以来诉诉衷肠、叹叹苦经的地方。可是如今他已作古，他们家的儿女我也没有联系上，只得住笔。还有宋连庠老先生，一口纯正的北京话，经常来先生这里闲聊，告诉先生近来他“客串”了什么戏。先生说他出身名门，交游广，经常被电影厂邀请去扮演一些国民党高官，先生说他有“底气”，派头十足。先生还说他是个很有水平的语文老师。先生曾经表示过要教我女儿娇娇语文，但是一番实践以后发现自己干不了。娇娇参加高考那年，先生就介绍了宋连庠老先生给娇娇补习语文。还有褚钰泉先生。当时他任《文汇读书周报》主编，先生的大块文章一写毕就吩咐送给褚钰泉，很快褚钰泉就会拿出一个大版面刊发。先生说过，现在我的文章，只有褚钰泉那里会“不打嗝愣”地全文发表。他说时下只有这张报纸最好看，褚钰泉办报有水平。后来《文汇读书周报》换主编，先生四处找人劝说，不要调离褚钰泉，那样会毁了这张报纸！虽然最后还是改变不了什么，但是我亲眼见到先生是如何爱护一个富有才华的年轻报人。后来，褚钰泉应邀为江西有关单位主编《悦读》。果然是身手不凡，他以一人之力，办起了这本人人说好的杂志。褚钰泉还带着我替先生编了那本《人物、书话、纪事》，那时我才开始帮助先生编书不久，没有什么经验。而他像一个大哥哥，耐心辅导着我完成了这部书的编排。署名的时候，他划去了自己的名字，只留下了我的名字，他说：“就这样吧，听我的，这更好。”还有姚以恩，也是应该写上一笔的。老姚扬州大户人家出身，从小就会“吃”。他的“吃经”吸引了先生，他身体力行，寻觅性价比高的饭店介绍给先生。那时茂名路上的“联谊餐厅”延请了淮扬菜大师莫有才的儿子任主厨，老姚带来了这个信息，于是先生在相当长的一段时间里成了那里的常客，很多客人都被先生带到那用餐，老姚也总是来做陪客。除了“吃”，老姚还擅长“咬文嚼字”，先生的著述，大多交由他校读。他还真是最较真的，是令先生最为放心的校对者，常人看不出的毛病逃不过他的眼睛。但这事儿往往没有报酬，老姚出力也不为“捞好处”。当然有时候先生也有点嫌他烦，他唠叨，开了口就刹不住车，先生说“这个姚以恩，实在有点吃他不消”。我还想写一下龙应台的。她结识了先生以后，对先生很有感情。记得一次先生说龙应台给他来信，信中说在多瑙河游船的甲板上，她看见有一对老人，是一位老先生推着轮椅，轮椅里坐着一位白发老太太，迎着微风和霞光，使她蓦然想起了先生和阿可阿姨。先生给我看了龙应台写的那封信。以后，她隔一段时间就会写信给先生，包括告诉先生她对是否要去担任马英九的文化局长的思虑。后来龙应台卸任文化局长后，来上海专门选择住到衡山宾馆，为的是早上可以陪伴先生去徐家汇公园一起散步。还有许纪霖、孔令琴夫妇，舒传曦、唐玲夫妇，许江、施慧夫妇，太多的朋友，构成了先生晚年生命中的欢乐场景。我希望多采集一些有意思的素材，慢慢地把他们一一都描绘出来，让先生活在更多人的心里。他不仅是一个大学者和思想家，也是一个可亲可爱的长辈。

这本书的问世，要感谢先生这么多年一直对我的教诲。他从不嫌我才疏学浅，鼓励我积极地从古今典籍中提高自己。他特别要求我要多读莎士比亚、罗曼·罗兰、契诃夫、屠格涅夫、杜甫、陆机，曾经专门从家里给我搬来契诃夫和莎士比亚的剧本，要我一定认真阅读。他说“腹有诗书气自华”，要我跳着去“摘葡萄”。没有先生，我不会成为今天的我。我还要感谢夏中义，是他鼓励我动手写，他说不写怎么知道自己不行呢？他还说就按照你口述的去写，你叙述的故事都是很有意思的，你的叙述是动人的。他给我的肯定使我有了自信，从此迈开了写下自己的经历和印象的步子。他还给我逐字逐句地修改，如同手把手地带自己的“徒弟”。我要感谢所有我在书中提及的朋友们，大家为了我们共同敬仰的先生，对我的文章用心地纠正并加以修改，使得某些我记不确切的事情变得更加准确无误。最后要感激小编储德天，让我和另外两位作者得以心往一处想，劲往一处使，共同完成了“清园百年书系”，以此来庆祝王元化先生的百年寿诞。

对所有尊敬先生、热爱先生的人，我都表示深挚的感谢！

蓝云

2019 年 12 月 10 日

图书在版编目(CIP)数据

王元化及其朋友 / 蓝云著. —上海：上海教育出版社，2020. 5
(清园百年书系)
ISBN 978-7-5444-9917-0

Ⅰ. ①王… Ⅱ. ①蓝… Ⅲ. ①王元化(1920—2008)
—生平事迹 Ⅳ. ①K825. 6

中国版本图书馆 CIP 数据核字(2020)第 048625 号

特约编辑 廖宏艳
责任编辑 储德天
责任校对 鲁 妤
书名题签 舒传曦
封面设计 莫 娇

WANG YUANHUA JI QI PENGYOU
王元化及其朋友
蓝 云 著

出版发行 上海教育出版社有限公司
官 网 www. seph. com. cn
地 址 上海永福路 123 号
邮 编 200031
印 刷 上海昌鑫龙印务有限公司
开 本 890×1240 1/32 印张 7. 625 插页 1
字 数 140 千字
版 次 2020 年 5 月第 1 版
印 次 2020 年 5 月第 1 次印刷
书 号 ISBN 978-7-5444-9917-0/G•8173
定 价 39. 80 元

如发现质量问题，读者可向本社调换 电话：021-64377165